中世から近世へ

今川氏親と伊勢宗瑞

戦国大名誕生の条件

黒田基樹

平凡社

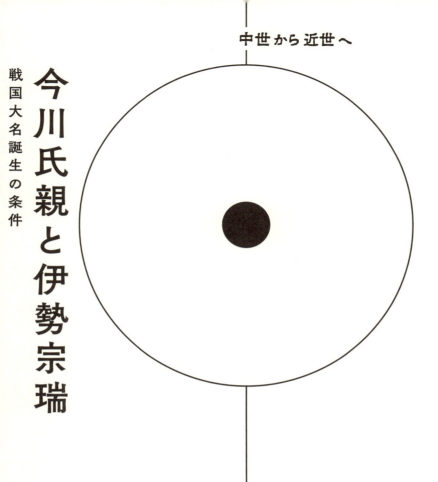

装幀　大原大次郎

今川氏親と伊勢宗瑞◉目次

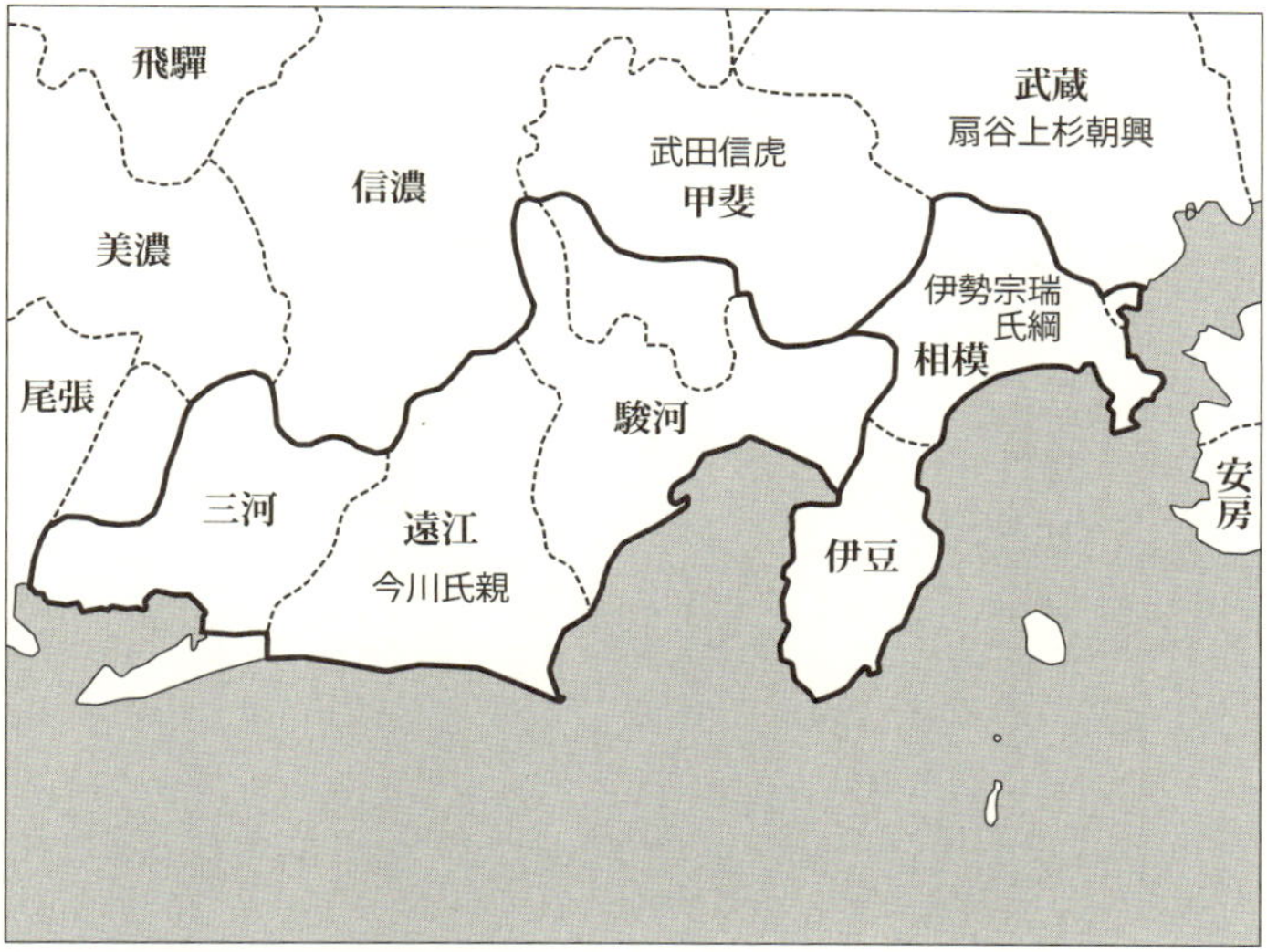

今川家・伊勢家領国図（伊勢宗瑞死去時）

今川氏親関係系図

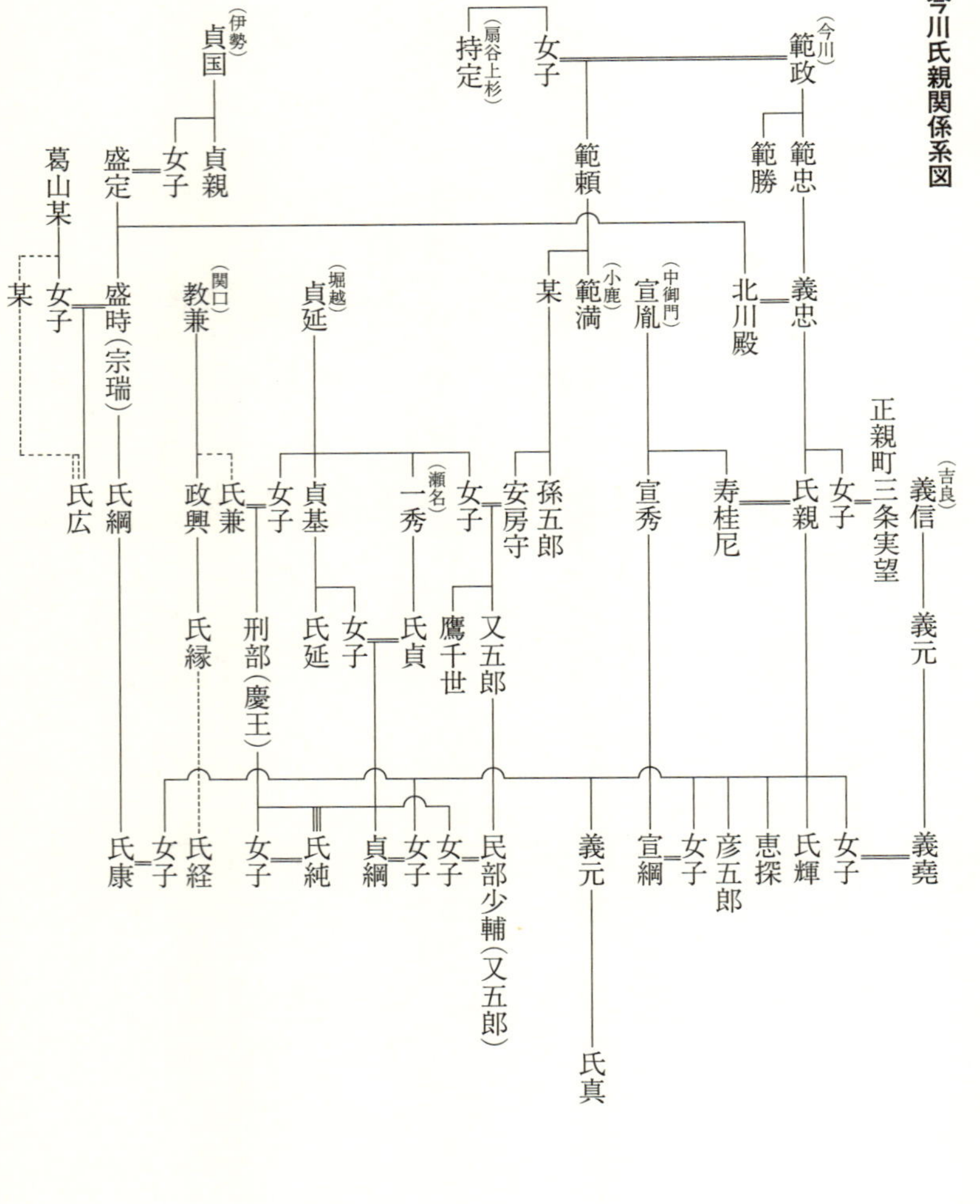
(今川)範政
範忠
範勝
女子
(扇谷上杉)持定
範頼
義忠
北川殿
(中御門)宣胤
(小鹿)範満
某
(堀越)貞延
(関口)教兼
(伊勢)貞国
貞親
女子
盛定
盛時(宗瑞)
葛山某
女子
某
正親町三条実望
(吉良)義信
女子
氏親
寿桂尼
宣秀
孫五郎
安房守
女子
(瀬名)一秀
貞基
女子
氏兼
政興
氏綱
氏広
義元
又五郎
鷹千世
氏貞
女子
氏延
刑部(慶王)
氏縁
義尭
女子
氏輝
恵探
彦五郎
女子
宣綱
義元
民部少輔(又五郎)
女子
女子
貞綱
氏純
女子
氏経
女子
氏康
氏真

はじめに――特別な〝条件〟で結ばれた二人の関係

今川氏親《いまがわうじちか》と伊勢宗瑞《いせそうずい》（いわゆる「北条早雲《ほうじょうそううん》」）は、ともに戦国時代初期の戦国大名として知られた存在であろう。それぞれはまた、その後に戦国時代後期まで続いていく、戦国大名今川家と戦国大名北条家の創始者であった。

氏親は、駿河《するが》・遠江《とおとうみ》・東三河《ひがしみかわ》を領国とし、東海地方に一大領国を築いている。京都の公家・文化人との文化交流を盛んにして、それらを本拠の駿府《すんぷ》に招くことで、駿府を文化的中心地に作り上げた。それは「今川文化」と称され、戦国時代の三大地方文化の一つとして評価されている。さらに氏親が制定した「今川仮名《かな》目録」は、法典として編纂された分国法《ぶんこくほう》としては最初期のものであるとともに、東国大名では最初のものであった。こうしたことから氏親は、その当時においては、最大規模の領国を形成するとともに、政治・文化において戦国大名として最先端に位置した存在とみなされている。

他方の宗瑞は、伊豆・相模《さがみ》二ヶ国と武蔵南部の一部を領国とし、関東地方の南西部に確固たる領国を形成している。年貢・公事という租税の納入主体である村を対象に、検地を行った最初の戦国大名として評価されている。また村・百姓に対して、直接に文書を出す仕組みとして印判状《いんぱんじょう》を考案し、東国を中心に広がっていく印判状文化の創始者であり、そこで使用された朱印は、虎朱印《とらしゅいん》と称され、以後の北条家代々に継承されて、戦国大名権力を象徴するものとしてよく知られている。こうしたことから宗瑞は、戦国大名の領国支配の基本的な在り方を構築したものとして、初期の戦国大名の代表的存在とみなされている。

このように氏親と宗瑞は、ともに戦国時代初期における戦国大名として、代表的な存在であった。しかもこの両者は、すでに知られている通り、氏親の母・北川殿《きたがわどの》の弟が宗瑞であるというように、甥と叔父という極めて近い親戚関係にあった。それだけでなく、氏親が駿河今川家の当主になり、駿河の戦国大名として成立したのは、宗瑞の働きによるものであった。その後の遠江・東三河の領国化においても、宗瑞の活躍がみられたのであり、両者は長きにわたって一体的に存在し、それをもとにそれぞれ戦国大名として展開するという関係にあった。

ところがこれまでにおいて、氏親と宗瑞にみられた、そのような両者の関係性について本格的に検討されることはなかった。氏親については、その生涯を詳細に取り上げた評伝書は出されていないうえに、その動向についても、その後の戦国大名今川家の動向の前史として取り扱われる傾向にあり、氏親の行動に即しての検討はいまだ充分には行われていないのが現状といえるであろう。対して宗瑞については、すでにいくつかの評伝書が出されてはいるものの、やはりその後の戦国大名北条家の動向との関わりから、関東における動向が中心に取り上げられる傾向にある。そのため今川家での行動やその意味についての検討は、ほとんど行われていないのが現状である。

しかしながら氏親と宗瑞について、ともに当時の社会状況のなかでその存在をとらえようとするならば、両者の関係性をもとに、その動向を把握していくことが必要であり、逆にそれを行わない限り、それぞれの動向と存在について正確な理解を遂げることもできないと認識される。そのため本書では、氏親と宗瑞について、両者の関係に視点を据えて、それぞれの動向をとらえていくものとする。

氏親の動向にしても宗瑞の動向にしても、これまでの研究で、すでに多くは解明されてきたかのように思われがちであるが、決してそのようなことはなかった。そもそも氏親にしろ宗瑞にしろ、その動向が詳細に検討されてはこなかったうえに、氏親と宗瑞両者の動向を関連させて考えるということもされてはこなかった。それだけに本書において、両者をあわせて把握することで、これまで見過ごされていた事柄やその意味が、次々に明らかになってくるのである。

それは同時に、今川家と北条家という東国を代表する二つの戦国大名家が、歩調を揃えながら、それぞれの存立を遂げていく過程を、実態に即して把握することに繋がるものとなる。しかもその過程をみてみると、何か明確な方針があって、それをすすめていったというよりは、周囲の世情の変化への対応のなかで動いていったものであることがみえてくることになる。さらにはそれらの背後に、氏親と宗瑞を繋いでいる北川殿という存在の、影響力の大きさが垣間見られてもくる。

それではこれから、今川氏親と伊勢宗瑞の動向を、詳しく検討していくことにしたい。

なお、本文中においては、以下の史料集については略号で示した。

戦今：『戦国遺文今川氏編』所収文書番号
戦北：『戦国遺文後北条氏編』所収文書番号
静　：『静岡県史資料編7』所収史料番号
小　：『小田原市史史料編原始・古代・中世Ⅰ』所収史料番号

第一章　今川家の内訌

今川氏親の誕生

今川氏親は、文明《ぶんめい》五年(一四七三)に駿河国守護・今川義忠《よしただ》の嫡子として生まれた。幼名を竜王丸《たつおうまる》といった。もっとも氏親の生年については、以前は二年前にあたる文明三年が通説となっていたが、現在では、永正《えいしょう》十一年(一五一四)に四十二歳(数え年、以下同じ)であったとする史料の存在から、文明五年生まれであったことが明らかになっている(大塚勲『戦国大名今川氏四代』他)。父の義忠は、永享《えいきょう》八年(一四三六)生まれとされているので(『宗長日記』岩波文庫本刊本)、この時には三十八歳であったことになる。かなり遅い年齢での嫡子誕生といえるであろう。

今川氏は、三河国吉良《きら》庄今川郷(西尾市)を名字の地とする足利《あしかが》氏の庶流で、鎌倉時代のはじめ、足利義氏《よしうじ》の庶長子で吉良氏の始祖となる長氏《ながうじ》の次男国氏《くにうじ》に始まる家系である。足利氏の一族として存在し、南北朝時代に今川範国《のりくに》が遠江国守護、駿河国守護に相次いで補任された。以後の室町時代では、室町幕府足利将軍家の一門衆にあたる足利氏御一家《ごいっか》の一つとして、駿河国守護を歴任、時には遠江国守護をも務めるという存在となった。そして範国の長男範氏《のりうじ》の家系は、駿河国に本拠を持った駿河今川氏として、次男貞世《さだよ》(法名了俊《りょうしゅん》)とその弟たちの家系は、遠江国に本拠を持った遠江今川氏として、それぞれ展開していった。
範国は、通称は仮名《けみょう》五郎を称していて、以後において駿河今川氏の歴代の仮名は、この五郎であった。範国の子範氏は、受領名《ずりょう》（朝廷の地方官にちなむ通称）として上総介《かずさのすけ》を称して、これも以後の駿河今川氏歴代の通称となり、泰範、範政、範忠、義忠と相承されていった。

今川氏親像（増善寺蔵、写真提供：静岡市）

官途《かんと》名（朝廷の京官にちなむ通称）については、範氏が中務大輔《なかつかさのたいふ》、その長男氏家が右馬頭《うまのかみ》、次男泰範が宮内少輔《くないのしょう》、範政が民部少輔《みんぶのしょう》、範忠が民部大輔、義忠が治部大輔《じぶのたいふ》という具合に、ほとんど一定していない。ただし義忠の時期には、民部大輔ないし治部大輔が以後における歴代のものになる可能性が生まれつつあったとみられる。

義忠が家督を継いだのは、父範忠が死去する二ヶ月前にあたる寛正《かんしょう》二年（一四六一）三月二十日（旧暦、以下同じ）のことであり、室町幕府将軍足利義政から、範忠所領の譲与を認められている。おそらく同時に駿河国守護にも補任されたと

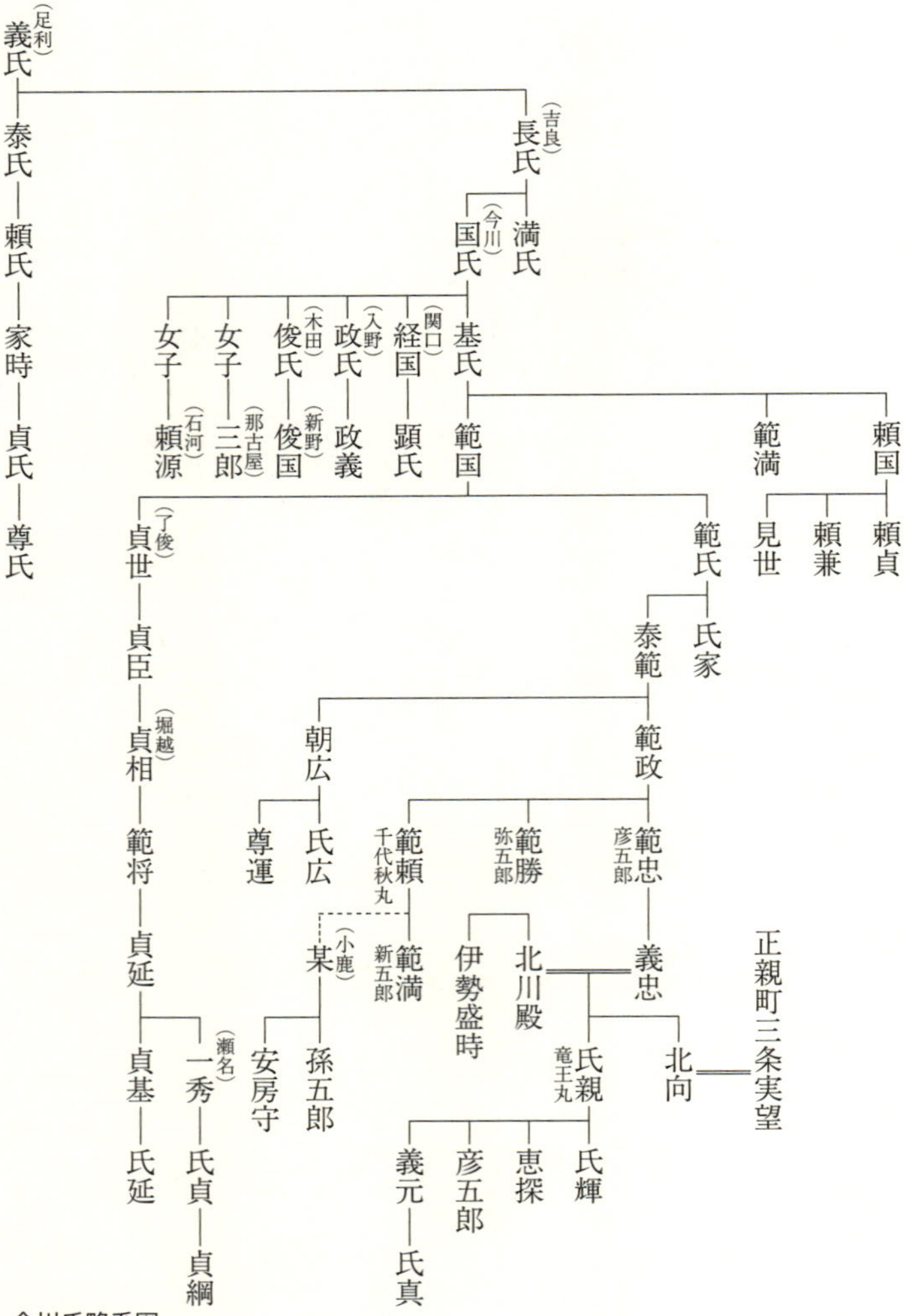
（足利）義氏
泰氏
頼氏
家時
貞氏
尊氏
（吉良）長氏
満氏
（今川）国氏
基氏
（関口）経国
（入野）政氏
（木田）俊氏
女子
女子
顕氏
政義
（新野）俊国
（那古屋）三郎
（石河）頼源
範国
範満
頼国
頼貞
頼兼
見世
範氏
（了俊）貞世
貞臣
（堀越）貞相
範将
貞延
貞基
氏延
（瀬名）一秀
氏貞
貞綱
氏家
泰範
範政
朝広
氏広
尊運
彦五郎 範忠
弥五郎 範勝
千代秋丸 範頼
新五郎 範満
（小鹿）某
孫五郎
安房守
義忠
北川殿
伊勢盛時
竜王丸 氏親
北向
正親町三条実望
氏輝
恵探
彦五郎
義元
氏真

今川氏略系図

みられる。時に二十六歳であり、この時には官途名治部大輔を称している。そのうえで注目されるのは、義忠の実名《じつみよう》である。駿河今川氏の通字《とおりじ》は、範国以来、「範」字であったが、義忠は同字を冠しておらず、代わりに足利将軍家の通字である「義」字を、範忠の下字「忠」に冠していることである。これは義忠が、元服にあたって足利将軍家から偏諱《へんき》を与えられたことを意味している。

義忠の元服時期は明確ではないが、通常の十五歳とすれば、宝徳《ほうとく》二年（一四五〇）のことになる。偏諱を与えられたのがこの時のこととすれば、それは足利義政（当時は義成）から与えられたものになる。今川氏において「義」字を与えられたのは、この義忠が最初になる。これはこの時に、今川氏の家格が上げられたことをうかがわせる。これより先の応永《おうえい》二十三年（一四一六）～同二十四年の上杉禅秀《ぜんしゆう》の乱において、今川範政は幕府軍の先陣を務めて活躍した。その後の幕府と鎌倉府との対立状況においても、範忠は幕府方の最前線として活躍した。こうした立場が評価され、家格の向上が図られたのかもしれない。

義忠が家督を継いだ頃は、関東では享徳《きようとく》の乱（一四五五～八二）が展開されていて、父範忠はその直前まで幕府軍の先陣として相模鎌倉に進軍していた。義忠も引き続いてその後、幕府方の鎌倉公方であった堀越《ほりごえ》公方足利政知《まさとも》（義政の庶兄）への支援のため、足利義政から関東への出陣を命じられている。ただしちょうどこの時期、遠江今川堀越《ほりこし》氏の所領をめぐっ

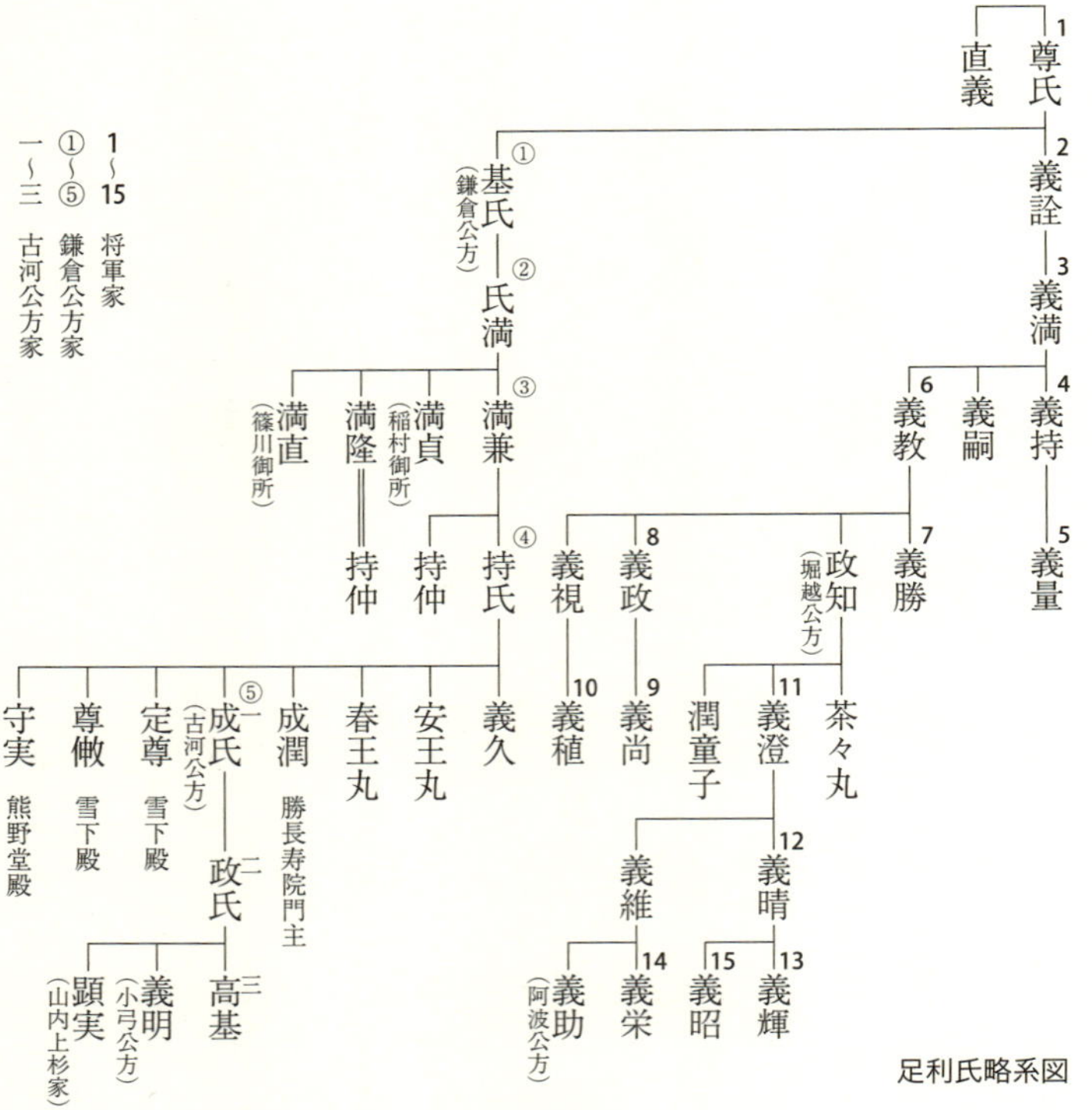
1～15 将軍家
①～⑤ 鎌倉公方家
一～三 古河公方家
1 尊氏
直義
2 義詮
3 義満
4 義持
5 義量
義嗣
6 義教
7 義勝
政知（堀越公方）
8 義政
義視
茶々丸
11 義澄
潤童子
9 義尚
10 義稙
12 義晴
義維
13 義輝
15 義昭
14 義栄
義助（阿波公方）
① 基氏（鎌倉公方）
② 氏満
③ 満兼
満貞（稲村御所）
満隆
満直（篠川御所）
④ 持氏
持仲
持仲
義久
安王丸
春王丸
成潤 勝長寿院門主
⑤ 一 成氏（古河公方）
定尊 雪下殿
尊倣 雪下殿
守実 熊野堂殿
二 政氏
三 高基
義明（小弓公方）
顕実（山内上杉家）

足利氏略系図

て問題が生じている。これについての義忠の行動は確認されていないが、無関係であったとは思われないので、それへの対応のため関東には出陣しなかったのかもしれない。

母北川殿とその実家

伊勢宗瑞（北条早雲）像（堀内天嶺摸写図　小田原城天守閣蔵）

氏親の母、すなわち義忠の妻は、室町幕府奉公衆・伊勢盛定《もりさだ》の娘・北川殿である。「北川殿」という呼び名は、後に氏親が駿府を本拠とした際に、その北に流れる安倍川の分流である北川のほとりに、その居館が置かれたことに由来する。その弟が、後に氏親を後見する伊勢盛《もり》時《とき》、法名宗瑞となる。伊勢盛定は、幕府政所頭人（長官）を歴任する伊勢氏本宗家の伊勢伊勢《いせの》守《かみ》家の庶流で、備中国に所領を有していた備中伊勢氏のそのまた庶流にあたっている。しかし盛定は、本宗家の伊勢貞国の娘婿となっていて、本宗家の一族として存在していた。その子であ

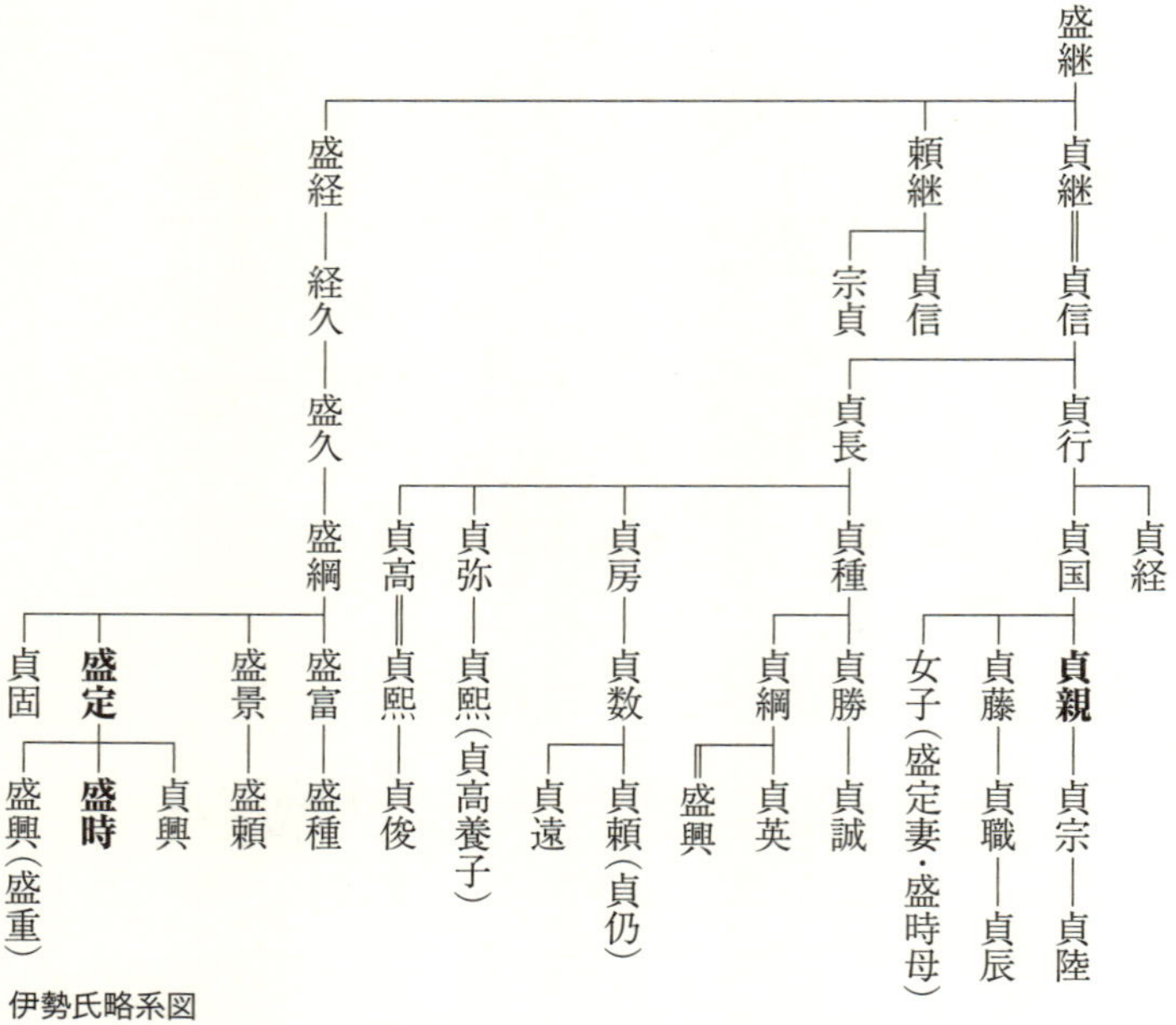

伊勢氏略系図

る北川殿・盛時も、本宗家の外孫として、その一族の扱いをうけていたとみなされる。

盛定は、始めは備中伊勢氏庶流として新左衛門尉《しんざえもんのじょう》を称していたものの、次いで備中守を称するようになる。この通称は、伊勢氏本宗家において、当主の伊勢守に次ぐナンバー2が名乗るものであり、弟や嫡子が称するものであった。その頃の伊勢氏本宗家の当主は、義兄の貞親《さだちか》であった。貞親は応永二十四年（一四一七）生まれであったが、弟貞藤《さだふじ》は永享四年（一四三二）生まれで、十五歳も下、貞親の嫡子貞宗《さだむね》は文安《ぶんあん》元年（一四四四）生まれで、さらに十二歳下という状況であった。貞親の弟貞藤や嫡子貞宗がまだその通称を名乗れる年齢にはなかったため、義弟にあたった盛定が名乗ったものとみられる。逆にいえば盛定は、本宗家のなかで、すでに実弟や嫡子に匹敵する立場を認められていたことになる。

この頃の武家の場合、通称については、成人にあたる元服の後は仮名を称し、二十歳代後半頃から官途名を称し、三十歳代後半頃から受領名を称するというのが、通例化するようになっていた。盛定の場合でいえば、新左衛門尉が官途名、備中守が受領名にあたっている。盛定の生年は不明であるが、義弟の貞藤が永享四年（一四三二）生まれであることから、それより以前の生まれと推定される。というのも備中守の通称は、盛定の後は貞藤に承け継がれていることから、盛定のほうが年長であったとみなされる。盛定はその後、備前守を称するようになっている。

そもそも盛定は、享徳元年（一四五二）の時点で新左衛門尉で確認され、同三年から翌康《こう》正《しょう》元年（一四五五）頃に備中守を称している（家永遵嗣「伊勢盛時（宗瑞）の父盛定について」）。この頃に三十歳代後半とすると、応永二十六年以前の生まれとなるが、三十歳代半ば以下であれば、ちょうど貞親よりは数歳下のかたちになる。貞親にとって、かなり年少の弟である貞藤の成長をまつまで、義弟の盛定が活躍するのは妥当な状況といえるであろう。

ちなみに盛定の義弟、すなわち盛時（宗瑞）の母方叔父にあたる貞藤の生年は、江戸時代中期以降から、かなり近年まで、盛時の生年として伝えられていたものにあたっている。現在では、盛時の生年はそれより二十四年後になる康正二年（一四五六）であることが明らかになっているが（拙稿「伊勢宗瑞論」拙編『伊勢宗瑞』所収）、それまでは永享四年生まれとみられていた。そのため死去した時には八十八歳という長命となり、大器晩成の典型のようにみられがちであった。しかしその年は、実は叔父貞藤の生年であったのである。江戸時代のなかで、盛時の父ないし前身に、その貞藤があてられることがあったから、その生年が混同されて伝えられるようになったのであろう（大塚勲『今川氏と遠江・駿河の中世』）。

母の北川殿の生年についても明らかではない。その弟盛時が生まれた康正二年よりも以前であったことは間違いない。義忠との間には、氏親よりも前に一女（のち正親町三条《おおぎまちさんじょう》実望《さねもち》妻）が生まれている。その生年も不明だが、氏親よりも二年前頃のこととすれば、文明三年（一四七一）頃と想定される。そうすると義忠と北川殿の結婚は、遅くとも文明二、三年のこととみなされることになる。この頃に仮に十六歳くらいとすると、北川殿はおよそ康正元年、二年頃の生まれとなり、盛時よりも二歳ほど上とみれば、享徳三年（一四五四）頃の生まれとなろう。であれば義忠との結婚は、十七、八歳の頃のこととみられる。また義忠のほうは、三十四、五歳のことになる。これは少し遅すぎるように思われるが、理由はわからない。

なお「今川記（富《ふ》麓記《ろくき》）」（『続群書類従』所収）には、応仁の乱の勃発後、東西幕府の成立がみられた応仁《おうにん》二年（一四六八）末以降のこととして、今川義忠が将軍足利義政警固のために上洛したと伝え、またその際に北川殿と結婚したと記している。義忠の上洛を示す他の史料はみられていないものの、状況的には整合する内容とはいえる。ただし後にみるように、同乱の勃発後、駿河でも戦乱が展開されているので、そうしたなかで果たして上洛が可能であったのかどうかは疑問のように思える。

盛定が義兄の貞親のもとでの活躍をみせるのは、康正年間頃からのことという。これはちょうど、北川殿が生まれた頃になり、新左衛門尉から備中守に改称する頃になる。そうすると盛定は、貞親の妹をその直前の頃に妻に迎え、それにともなって伊勢氏本宗家の一族として位置づけられるようになったと推測できる。そのなかで寛正六年（一四六五）には、今川義忠やその配下の駿河国富士郡の国衆・富士《ふじ》祐本《ゆうほん》（法名）、遠江今川氏嫡流の今川堀越《ほりこし》貞延《さだのぶ》（治部少輔・陸奥守）に対して取次《とりつぎ》にあたっていて、盛定は、貞親と義忠らとの間における取次を務めていたことが確認されている（家永遵嗣「伊勢宗瑞（北条早雲）の出自について」拙編『伊勢宗瑞』所収）。

ここに義忠と盛定との接点をみることができる。義忠と北川殿の結婚の時期には、すでに応仁の乱が展開されていた。そこでは、盛定は一貫して貞親とともに東幕府（いわゆる東軍）

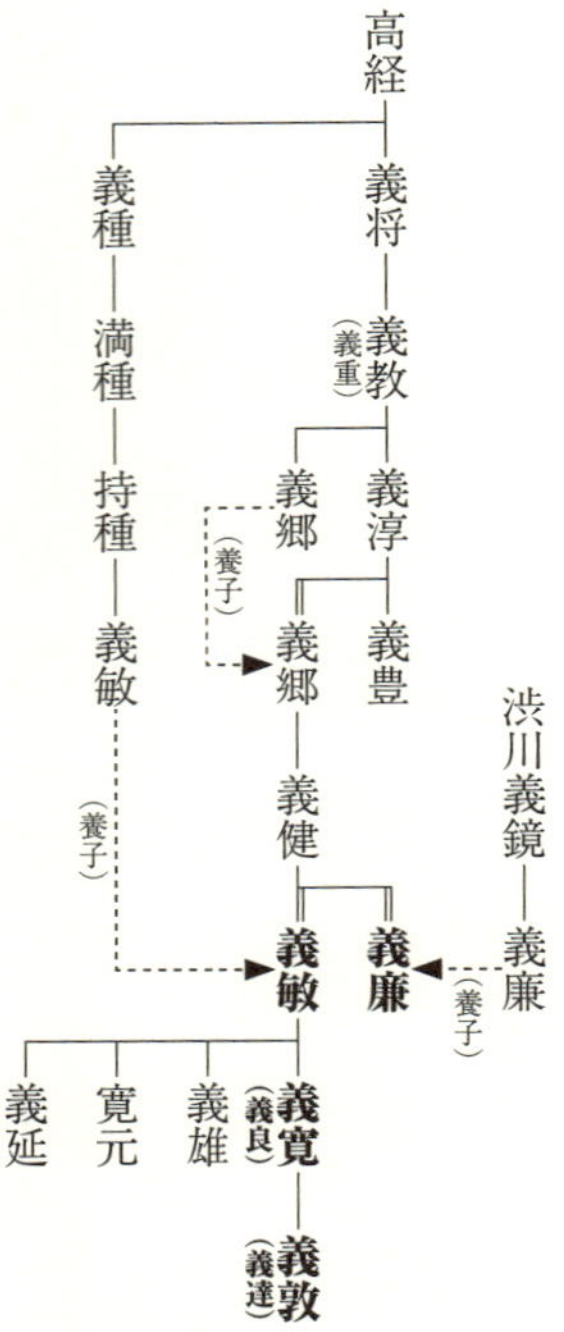

斯波氏略系図

に属した。義忠も東幕府に属して、駿河国の領国化、さらには遠江国における勢力回復、具体的には遠江今川堀越氏の所領回復をすすめていた。遠江国守護は、幕府管領家の一つ斯波《しば》家が務めていて、東幕府では義敏、西幕府では義廉《よしかど》であった。いずれにしても幕府有力者であったから、義忠はそれにあたって幕府との密接な繫がりの確保を図って、伊勢氏一族との婚姻をすすめたのかもしれない。

今川義忠の駿河領国化

義忠が家督を継いでから四年後の寛正六年（一四六五）に、遠江今川堀越氏の所領をめぐる問題が生じている。今川堀越治部少輔（貞延の父、範将と伝えられる）は、何らかの事件がもとでその所領は幕府に収公され、伊勢貞藤が代官を務めることになったらしい。そしてそれら所領の請取《うけとり》を、駿河国人の狩野介《かののすけ》に依頼した。そしてさらに、遠江国守護斯波義廉の被《ひ》官《かん》とみられている狩野七郎右衛門尉に協力を要請した。範将は、駿河今川氏の本領にあたる葉梨庄（藤枝市）で戦死したと伝えられるから、何らか斯波方との抗争があったのかもしれない。

この後において義忠は、範将の子貞延と共闘していくことになるから、今川堀越氏所領の回復に尽力していたとみられ、そうであればこの時にも、狩野介の入部に抵抗する態度をとっていた可能性も想定される。ところがその直後、狩野七郎右衛門尉は、幕府の在国奉公衆であった遠江国人の勝田《かつまた》修理亮・横地鶴寿と、斯波家の被官で遠江国守護代であったとみられる狩野加賀守に討滅されるという事態になっている。この頃の斯波家は、義敏と義廉との二派に分裂していて、勝田らの行為については、義敏を支持する貞親・盛定が関わって戦功を賞していることからすると、狩野介・同七郎右衛門尉は、現当主の義廉方であったのかもしれない。ちなみにその翌年、斯波家家督は貞親の尽力によって、義廉から義敏に交替されている。

そうするとこれらの問題は、斯波家における内訌にともなうものであったかもしれない。

今川義忠像（正林寺蔵）

ただしその際、狩野介らを貞藤が支援し、勝田らを貞親・盛定が支援するという関係にあり、伊勢氏一族のなかでも対応が異なっていた様子がうかがわれる（家永前掲論文・山家浩樹「今川範忠、義忠」『静岡県史通史編2』所収など参照）。斯波家の動向、遠江における同家被官としての狩野氏の動向がさらに明らかになれば、これらの事態の経緯についても、もっとわかってくるものと思われる。

そして、その二年後の応仁元年（一四六七）から応仁の乱が展開され、斯波家では義敏が東幕府、義廉が西幕府に属して対立した。また伊勢家でも、貞親・盛定は東幕府、貞藤が西幕府に属することになって分裂している。義忠は東幕府に属したが、駿河国でも両勢力に分裂し、抗争が展開されたことがうかがわれる。すなわちこの頃に、駿河安部山《あべやま》（安倍山、静岡市）を本拠にしていた狩野介が「謀叛」し、義忠はこれを攻撃したが、それは三ヶ年におよんだというのである（『宗長日記』）。しかも狩野介の討滅は、義忠によるのではなく、遠江国守護代であった狩野宮内少輔が、遠州勢数千騎を率いて討滅したものであった。

この狩野宮内少輔は、先に狩野七郎右衛門尉討滅に功のあった狩野加賀守の子次郎を自害させて、その跡を奪取した存在という。狩野氏一族の間でも激しい抗争が展開されていたことがうかがわれる。ここで狩野介討滅にあたっているということは、義忠に協力したことを意味しているとみられる。ただし、それがどのような背景によるものであるのかはわかっていないようである。

義忠はともかくも狩野介の討滅を果たし、安部山についても、文明四年（一四七二）十二月三十日に足利義政から領有を安堵されている。駿河国内での争乱は「六、七年」におよんだとされる（「宇津山記」『群書類従』所収）。応仁元年から数えても文明四、五年までかかっていたことになり、その年末に安部山領有を果たしていることからすると、これが義忠による駿河平定の仕上げにあたっていたのかもしれない。

義忠はその他にも、応仁二年（一四六八）に山東地域（駿河中央部）の手越河原《てごしがわら》（静岡市）で合戦があり（戦今三一）、また某年八月には由比・蒲原《かんばら》（静岡市）に軍勢を派遣している（戦今三〇）。これは国人の由比氏・蒲原氏との抗争とみられる。由比氏はすでに今川氏に被官化していたが、ここで分裂したようである。文明三年六月、義忠は味方の由比勘解由左衛《かげゆさえ》門尉《もんのじょう》光英に、討滅した相手とみられる由比氏惣領家の由井為光の旧領などを与えている（戦今三五）。駿河での戦乱が狩野介の討滅が最後のものであったとしたら、それとの抗争は文明二年から展開されたことになる。義忠の駿河平定の過程で、対立関係が生じたのかもしれない。

ただし、義忠が駿河を平定したといっても、その勢力が全域におよんだのかまでは不明である。むしろ河東《かとう》地域（駿河東部）は、国人として富士家・葛山《かずらやま》家・大森家などがあり、また同地域には堀越公方足利家の勢力がおよび、幕府奉公衆の所領なども存在していたらしいので、堀越公方足利家の勢力が強くおよんでいた地域であったように思われる。そうすると義忠が勢力下においたのは、本領葉梨庄などが所在する山西地域（駿河西部）と府中が存在する山東地域にわたるにとどまった可能性が想定される。いずれにしろ義忠は、応仁の乱の展開にともなって、文明五年まで七年かけて、山西・山東地域を勢力下におき、領国を形成したとみられる。

義忠の遠江侵攻と戦死

義忠は文明五年（一四七三）十一月二十四日、足利義政から遠江国懸革《かけがわ》（懸川）庄（掛川市）の代官職を与えられた（戦今四〇）。同時に、河匂《かわわ》庄（浜松市）の代官職も与えられた（『宗長日記』）。義忠は足利義政から、西幕府方の遠江勢と抗争していた東幕府方の三河国守護・細川成之《しげゆき》への支援を要請され、その戦功の賞として遠江国守護職を望んでいたというから、これはその要請に応えるための一つにあたっていたとみられる。これをうけて義忠は、両所への入部のために遠江国に進軍することになる。そしてそれに対しては、遠江国守護代の狩野宮内少輔と、浜松庄（浜松市）領主で足利氏御一家の吉良家の被官巨海《おおみ》新左衛門尉が抵抗をみせるものとなる。

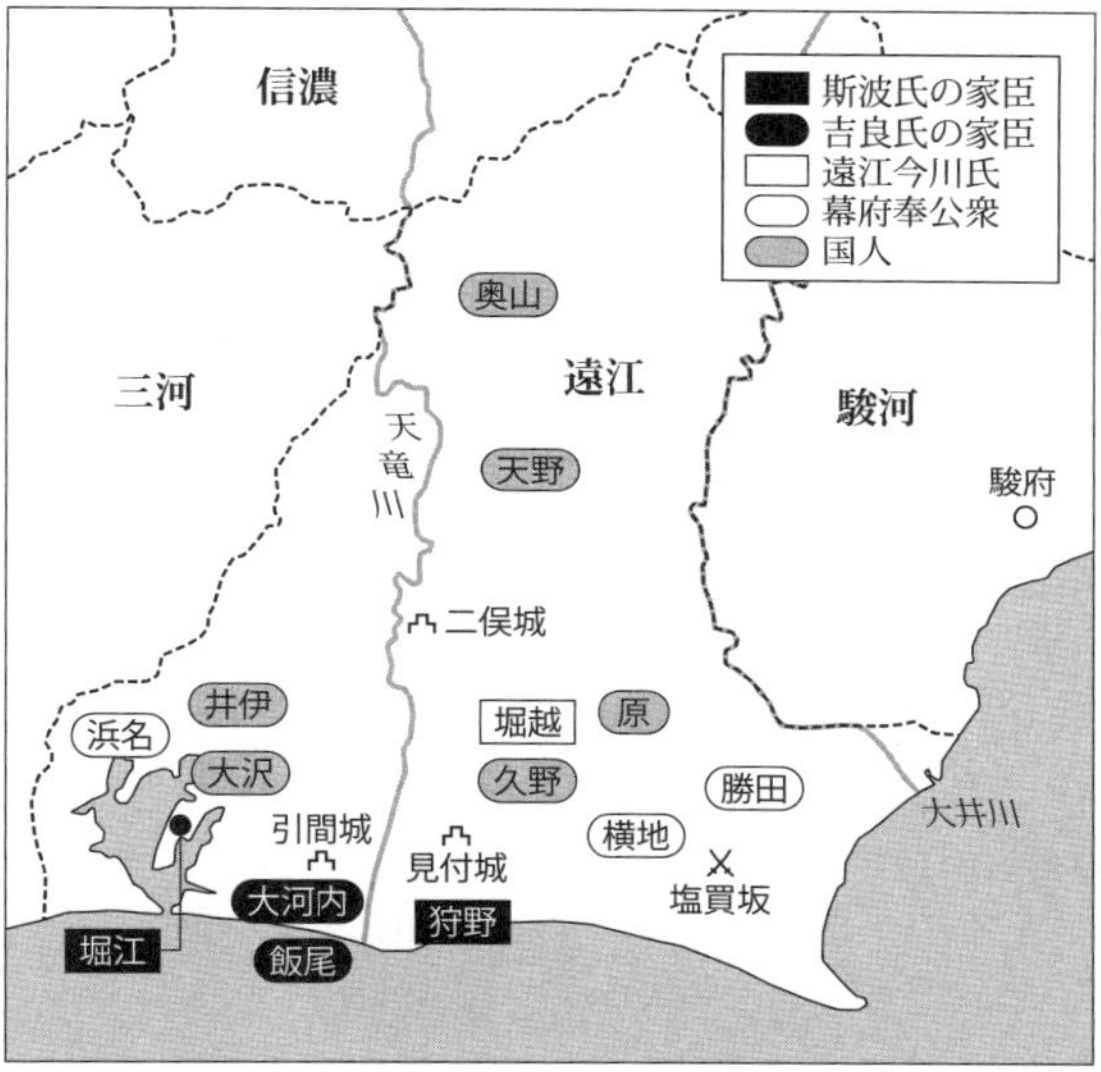

文明5年（1473）頃の遠江（鈴木将典『国衆の戦国史』所収図を転載）

文明六年八月から遠江府中（磐田市）に侵攻し、狩野宮内少輔の城を攻めて、十一月に宮内少輔を自害させた。同時に浜松庄も攻撃したとみられ、同所には細川成之とともに軍勢を置いて、義忠は十二月に駿河に帰国した。翌同七年二月、斯波方の牢人が蜂起した。旧領奪還を図ってのこととみられる。しかしこれは、実は東幕府の支援によるものであった。すなわちこの時、西幕府方斯波義廉の重臣甲斐敏光を東幕府方に寝返らせ、遠江国守護代に任じて、二月十九日に現地に派遣しているのである。そして遠江東部における有力国人で幕府の在国奉公衆でもあった横地氏・勝田氏にそれへの支援を命じている（家永遵嗣「北条早雲研究の最前線」『奔る雲のごとく』所収）。勝田氏は榛原《はいばら》郡勝田郷（牧之原市）を、横地氏は城東郡横地郷（菊川市）を本領としていた。

義忠の遠江侵攻は、足利義政の命令をうけてのものであったが、その帰国後に、東幕府は態度を変えて、一転して義忠に対抗させる措置をとっていることになる。理由は明確ではないが、義忠の行動が、今川堀越氏の旧領回復などをともなうような、事実上の領国化をすすめるものになっていたからではなかろうか。それは、東幕府方の遠江国守護斯波義良（義敏の子）の権益を侵害するものであったからであろう。義忠方では、まず現地において今川堀越貞延が抗戦したが、六月十九日に小夜の山口（掛川市）で戦死してしまうなど、各地で敗戦が続いたという。そこで義忠が再び遠江に進軍し、七月十二日には勝田氏を討伐している。義忠は当初、戦況を優勢にすすめていたことがうかがわれる。

義忠の在陣は、年をまたいで翌文明八年までおよぶものとなった。同六年からの侵攻の間に、今川堀越貞延を戦死させた以外にも、矢部左衛門尉・朝比奈《あさひな》肥後守泰盛・岡部左衛門尉という重臣三名が相次いで病死してしまったという。そして同八年二月、横地氏の本拠を攻撃し攻略した後、帰国の途についたところ、同月十九日に、塩貝坂《しおかいざか》（菊川市高橋付近）で、敵方に討たれるにいたる。「今川記（富麓記）」では、一揆によるとしているので、横地氏の残党か、あるいは現地の民衆によるものであったように思われる。

ここに義忠は、突然の死を迎えることになった。四十一歳であった。その後に法名を長保寺殿桂山昌公大禅定門とおくられた。なお、義忠死去の年代について、前年の文明七年とする説などがあるが、この文明八年のこととみて間違いない（拙稿「今川氏親の新研究」拙編『今川氏親』所収）。この時、氏親はわずか四歳にすぎなかった。兄弟姉妹も、姉が一人存在するだけであった。氏親が成人するまでは、まだ十年以上の歳月を必要とする状況であった。

これはすべて、義忠の結婚が遅かったことによろう。義忠の結婚は、先にみたように三十四、五歳のこととみなされるが、どうしてその時期になったのかはわからない。家督を相続後、戦乱が展開していて、かつ駿河に在国し続けていたから、そうした状況の影響によったことは間違いないように思う。しかもそれ以前においては、今川氏は基本的には関東の有力大名との間に婚姻関係を結んでいた。今川泰範の妻は上杉朝顕の娘、範政の妻は扇谷《おうぎがやつ》上杉氏定の娘という具合である。範忠の妻は不明だが、今川氏の家格としては、一定以上の家格にある有力武家との婚姻が想定されたに違いない。

しかし、関東は戦乱続きにある一方、義忠は在国し続けていたから、とても婚姻を結べるような状況にはなかったのかもしれない。そうしたところに、京都政界との繋がりを図る必要が生じて、伊勢氏一族との婚姻となったとみることができるであろうか。ただそのことが、その後の氏親の生涯、ひいてはその後の今川家の動向を大きく規定していくことになるのである。

今川家当主になる今川小鹿範満

義忠の死去によって、その一門・家臣では、その後継をどうするかが問題になったことはいうまでもない。本来であれば、嫡子竜王丸（氏親）が継承するところであろうが、まだわずか四歳にすぎなかった。しかも世情は戦乱の恒常化がすすんでいた。そうしたなかで四歳の幼児に当主が務まるわけはない。そのような場合、これまでは、近親の一族が「名代《みようだい》」に就き、嫡流の子が十五歳の成人を迎えるにともなって、家督を戻すということが多く行われていた。

ところがこの時は、家中のなかで後継をめぐり、竜王丸を推す派と、義忠従兄弟の今川小《お》鹿《しか》新五郎範満《のりみつ》を推す派とに分裂し、内乱が展開されることになったらしい。ただし、その状況は江戸時代成立の軍記物にみられているにすぎない。「今川家譜」（『続群書類従』所収）では、範満は武勇に優れ、関東扇谷上杉家の縁者でもあり、竜王丸では幼稚すぎて「乱国時分家督も危うし」とのことで、範満を「名代」に立てることを、「一門の面々・譜代の家臣」の多くが要望したとある。

「今川記（富麓記）」にはこれに加えて、「今川一門瀬名・関口・新野・入野・なこや」と「老臣三浦・両朝比奈・庵原・由比の人々」が二分して合戦となったと記している。ただしこの時期には、今川家一門としての瀬名家はまだ成立していないし、関口家以下が一門として存在するようになるのも、これよりかなり後の氏親の時期のこととみなされるので、ここでの記述は、後代の状況をもとにしたもののように思われる。また「異本小田原記」（国史叢書本刊本）にも記事があり、そこでは「老臣三浦二郎左衛門・朝比奈又太郎・九島（福島）上総守・同土佐守等」が乱を起こしたとする。

これらによれば、義忠後継をめぐって、今川家の家中は二分され、戦乱が生じたことがうかがわれる。そして竜王丸に対抗する存在となっていたのが、今川小鹿範満であった。その父範頼（与五郎）は、義忠の叔父にあたり、範満は義忠には従弟にあたった。義忠には叔父として範勝（弥五郎）・範頼があったが、いずれもすでに死去していたとみられる。そしてそれらの子としては、範勝には子がなかったらしく、範頼にのみ子があり、義忠の従弟としては範満が最年長であったらしい。

父の範頼は応永三十二年（一四二五）か同三十三年の生まれであったから、範満はおよそ宝徳二年（一四五〇）頃の生まれと推定され、この時には二十七歳くらいであったと推測される。当主となるには充分な年齢にあったといえよう。仮名は新五郎を称し、元服直後頃にあたる文正《ぶんしょう》元年（一四六六）に、足利義政から関東への進軍を命じられていて、すでに戦陣の経験もみられていた。「今川家譜」は彼について、武勇に優れていたと評しているが、これは戦陣経験を踏まえてのことであろう。そして関東扇谷上杉家の縁者であったことをあげているが、これは父範頼の母が、扇谷上杉氏定の娘であったことを指している。範満もその子として、扇谷上杉家とは親しい関係にあったものと思われる。なお、いまだに範満の母を犬懸《いぬがけ》上杉政憲の娘とする見解がみられるが、これは単なる誤認である。

両勢力の対立が内乱状態となったことをうけて、関東の政治勢力がこれに介入してくることになる。具体的には、伊豆を本拠にして、おそらく駿河河東地域のうち駿東《すんとう》郡にも影響力をおよぼしていたとみられる、幕府方の鎌倉公方の堀越公方足利政知と、範満父の母方実家にあたる扇谷上杉家であった。この時の扇谷上杉家の当主は定正《さだまさ》で、氏定にとっては孫にあたっている。その家宰《かさい》（当主の代理にして家中の代表者）の太田道灌《どうかん》は、早くも三月に、範満支援のために駿河への進軍を図ることになる（「太田道灌状」戦今二六六七）。これら関東の政治勢力の介入は、明確に範満支援のためであった。

扇谷上杉家が範満を支援するのは、縁者だからということで納得されるが、堀越公方足利家についてはどうであったろうか。すでに範満は、関東への加勢として進軍していた経験があった。しかし義忠については、先述したように、同じように加勢を命じられながらも、遠江の問題によって行わなかった様子がうかがわれた。義忠は明らかに、関東よりも遠江に関心を向けており、そのため関東の政治勢力よりも京都政界に関心を向けていたように思われる。足利政知が、竜王丸ではなく範満を支援したのは、そうした両勢力の関東との関わりの相違を踏まえてのことであったかもしれない。

太田道灌が駿河に向けて実際に進軍したのは、六月に入ってからで、足柄峠を越えて駿河駿東郡に入った。そこから駿府に向けて進軍したとみられる。「今川記（富麓記）」は、道灌の軍勢を三〇〇騎とし、これに加えて堀越公方足利家から、執事の犬懸上杉治部少輔政憲《まさのり》を大将とする軍勢三〇〇騎が派遣されたことを記している。両軍勢は狐ヶ崎《きつねがさき》・八幡山に在陣して、両勢力に仲裁を働きかけたという。ちなみにそれらの軍記物は、その後について、竜王丸方を代表して伊勢盛時が交渉にあたり、範満を隠居させて、竜王丸を当主に据えることで決着したという流れで記しているが、これはもちろん誤りである。

実際のところは、範満が当主になることで決着をみたのであった。それは九月のことであったから、上杉政憲と太田道灌による調停も、三ヶ月ほど有したことがわかる。具体的な状況はわからないが、道灌らによる反対派屈服がすすめられたものと思われる。そして道灌は、

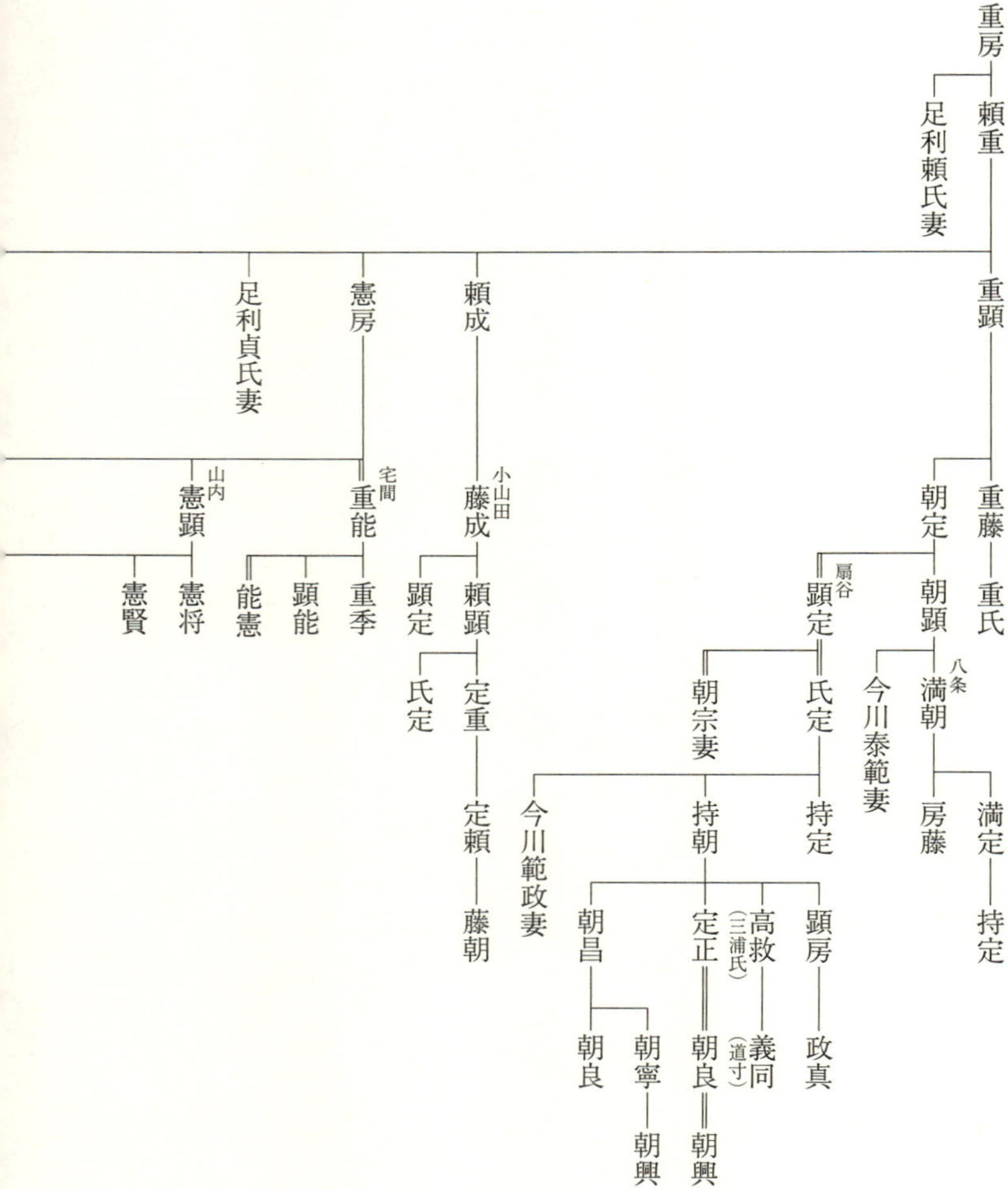
重房
頼重
足利頼氏妻
重顕
頼成
憲房
足利貞氏妻
重藤
朝定
重氏
朝顕
扇谷
顕定
八条
満朝
今川泰範妻
満定
房藤
持定
氏定
朝宗妻
持定
持朝
今川範政妻
顕房
高救
（三浦氏）
定正
朝昌
政真
義同
（道寸）
朝良
朝興
朝寧
朝良
朝興
小山田
藤成
頼顕
顕定
定重
氏定
定頼
藤朝
宅間
重能
山内
憲顕
重季
顕能
能憲
憲将
憲賢

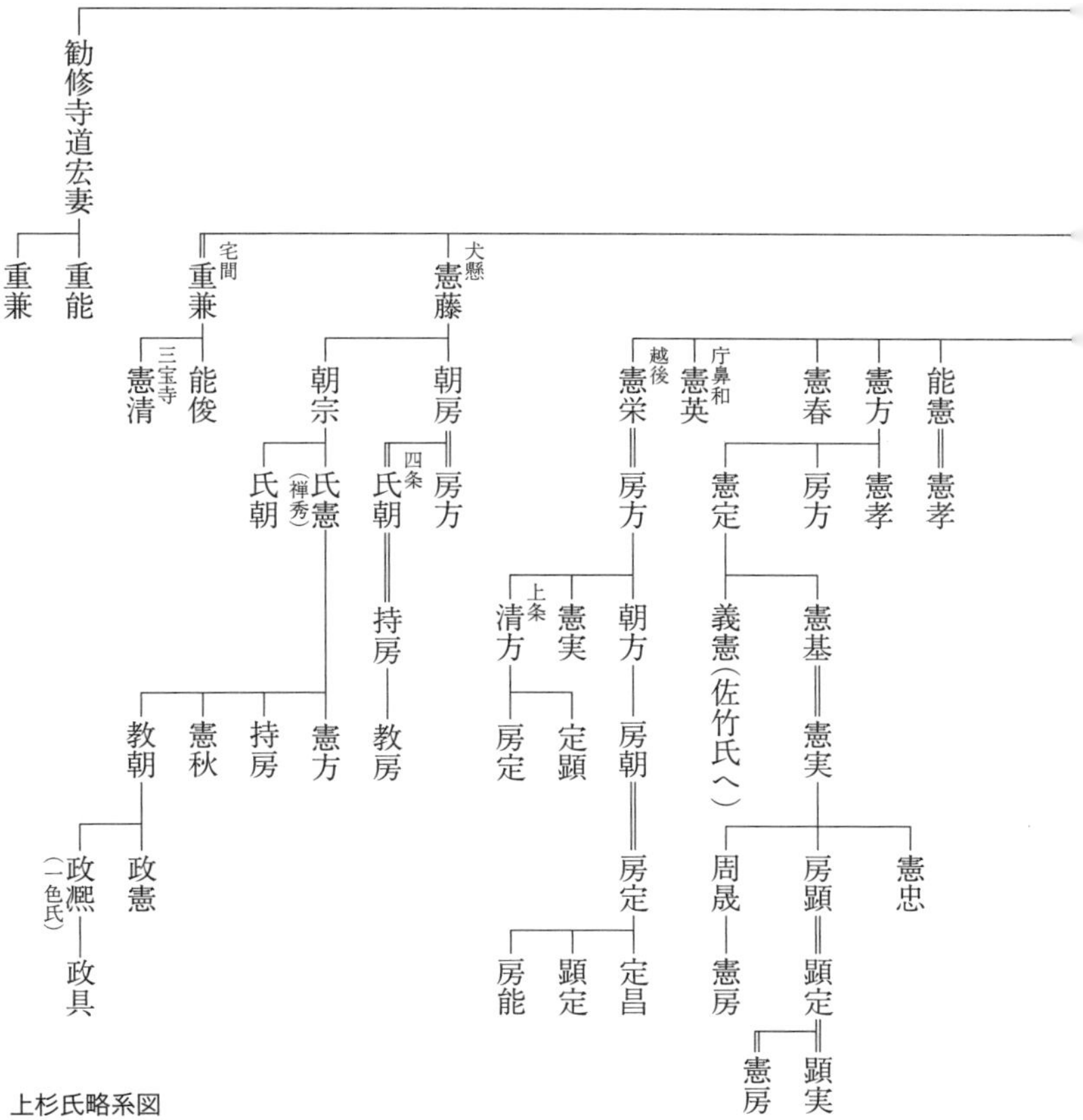
勧修寺道宏妻
重能
重兼
宅間 重兼
能俊
三宝寺 憲清
犬懸 憲藤
朝房
房方
四条 氏朝
持房
教房
朝宗
氏憲（禅秀）
氏朝
憲方
持房
憲秋
教朝
政憲
政凞（一色氏）
政具
能憲
憲孝
憲方
憲孝
房方
憲定
憲基
憲実
憲忠
房顕
顕定
顕実
憲房
周晟
憲房
義憲（佐竹氏へ）
憲春
庁鼻和 憲英
越後 憲栄
房方
朝方
房朝
房定
定昌
顕定
房能
憲実
上条 清方
定顕
房定

上杉氏略系図

事態を解決したことをうけて、足利政知の本拠である伊豆の北条御所（伊豆の国市）に参向して、事態を報告したうえで、十月に本拠の武蔵江戸城（千代田区）に帰陣している。

こうして今川家の内訌は、幕府方の鎌倉公方である堀越公方足利政知と、範満縁者の扇谷上杉家の家宰太田道灌の介入により、両者が支援した範満の勝利として終結した。これにより範満は、駿河今川家の当主となり、おそらく駿府館《すんぷやかた》に入ったものと思われる。ちなみに範満の在所名の小鹿は、駿府近郊に位置していた。そしてこうした経緯に明らかなように、範満の存立は、堀越公方足利家と太田道灌からの支援に基づくものであった。

山西小川に隠棲する竜王丸

敗れた竜王丸はどうなったのであろうか。「今川家譜」「今川記（富麓記）」などによると、北川殿と竜王丸は、駿府館から落ちて、山西地域に逃れて、小川《こがわ》（焼津市）の有徳人《うとくにん》であった「小川の法永」に匿《かくま》われたと記している。この「小川の法永」については、同所の有力者である長谷川氏とみられている。同氏は後には氏親の家臣にもなっている。ただし「小川の法永」が、長谷川氏と親しい関係にあったことは間違いないようであるが、長谷川氏であったことはいまだ確定されていない。姻戚関係という可能性も存在しているらしい（前田利久

「戦国時代の小川と長谷川氏」拙編『今川氏親』所収）。さらにこのこと自体も、いまだ他の史料によって検証されていない。とはいえ、戦国今川家を主題とした軍記物が一様に「小川の法永」をあげていることからみて、事実を伝えている可能性は高いであろう。

ちなみに、山西への逃避の経緯については、「異本小田原記」には少し違う内容が記されている。そこでは「御姉婿の三条殿（正親町三条実望）」がちょうど駿河に下向してきていて、その「同道」によって山西に逃れたとしている。もっとも、竜王丸の姉が三条実望の妻になるのは、これより十年後のことであるから、この記述はそのままにはうけとれない。しかし、京都から下向してきていた公家が、北川殿・竜王丸に「同道」したというあたりは、山西への逃避が、その仲介・庇護のもとでなされたことをうかがわせ、真実味を感じる。「今川家譜」などでは、その仲介者を伊勢盛時としているのであるが、活躍年代が合わないなどのことから、その可能性はないと考えている。むしろここからうかがわれる、京都から下向していた公家によるものとしたほうが、納得がいくのである。

竜王丸の山西逃避については、いまだ当時の史料によって検証されてはいないが、現時点では「今川家譜」や「異本小田原記」の記載をうけて、駿府に下向していた公家などの京都関係者の仲介・庇護のもと、上杉政憲・太田道灌らから山西小川への退去を認められ、以後は同地の有徳人であった「小川の法永」の庇護をうけたものとみなしておきたい。もっとも、山西への逃避は一時的なもので、その後に京都に上って隠棲したという可能性を想定できなくもない。北川殿にとっては、山西で隠棲を続けるよりも、実家がある京都で生活するほうが自然とみられるからである。この点は、今後の関係史料の出現を待つしかないが、もしそうであれば、後における竜王丸の動向の意味もかなり趣が異なるものとなる。とはいえここでは、通説の通りに山西での隠棲と理解しておくことにしよう。

また、そこでの北川殿・竜王丸の生活ぶりについても明確なことはわからない。ただしその後に、範満との間で深刻な政治対立が生じていた形跡はうかがわれないので、比較的穏便な生活を送ることができたようである。しかしそれは、客観的にみれば隠棲に他ならない。いまだ竜王丸が元服前ということもあろうが、政治的には全く無縁の存在におかれていたように思われる。そのために範満からも特段の処置をうけることなく過ごせたのかもしれない。

その後も何事もなければ、そのまま竜王丸は隠棲の身で終わることになったかもしれない。しかしそうはならず、竜王丸は再び政治世界に呼び戻されることになる。竜王丸を取り巻く、さらには駿河今川家を取り巻く政治情勢の変化によるものであった。

第二章　伊勢盛時の下向と今川氏親の擁立

家督相続の御教書を獲得する竜王丸

北川殿と竜王丸は、家督相続をめぐる争いに敗れてからは、山西小川での隠棲を続けていたが、まだ三年しか経っていないところで早くも一つの変化がみられた。文明十一年（一四七九）十二月二十一日に、「室町殿」（足利将軍家の家長）足利義政から御教書《みぎょうしょ》を与えられて、「亡父上総介義忠」の「遺跡・所領等」について、義忠の「譲状」の通りに、「今川竜王丸」が相続することを承認されたのであった（戦今五五）。ここで足利義政は、現実の今川家当主として範満が存在しているにもかかわらず、竜王丸に義忠の遺跡相続を認めているのである。

こうした遺跡相続を承認する御教書は、それをうける側からの申請に基づくものであったことからすると、この御教書の発給の前提には、竜王丸側からの要請があったことになる。しかし竜王丸自体は、まだ七歳にすぎなかったから、その意志によるのでないことは明らかであろう。また文面も基本的には、要請者からの文案に沿ったものになるのが通常であったから、その文面も要請した側によるものであったとみられる。

そこで注意されるのは、それが義忠の「譲状」に基づくとされていることである。しかし義忠は、戦陣のなかで不慮の戦死を遂げたのであったから、その時に譲状があったとは考えがたい。あらかじめ作成していたと考えることもできるが、その時に竜王丸はわずか四歳であったから、それも考えがたいように思われる。むしろ義忠の「譲状」は、この時に創作されたものではなかったかと思われ、そのほうが整合的であると考えられる。

では、義忠の「譲状」を創作し、またここで遺跡相続の申請をしたのは誰と考えられるか。そしてそれを足利義政に働きかけて、発給を実現させたのは誰と考えられるか。そのことをうかがわせる史料などはみられないので、全くの推測となるが、竜王丸の家督相続を最も強く望んでいたと思われるのは、母の北川殿とみられるから、これを要請した主体は、北川殿であった可能性が高いと考えられる。北川殿は、単に竜王丸の母というだけでなく、夫義忠の死後はその後室として、いわば女家長の立場にあった存在となる。竜王丸の復権、それによる義忠系の今川家の再興こそが悲願となっていたに違いない。

そして、北川殿が足利義政に働きかけるのを支援した人物としては、父の伊勢盛定か、伊勢氏本宗家当主で従兄の伊勢貞宗が想定される。ただし盛定の生存が確認されるのは、これより五年前のことであるから、この時に生存していたかは確認されない。しかし死去していたとしても、従兄の伊勢貞宗による働きかけは充分に想定できる。ちなみにこの働きかけについて、弟の盛時によるとみる見解も出されているが、盛定が生存していたら、直接にそれを頼ったであろう。また死去していたとしても、盛時を通じて貞宗を頼ったということはありえるだろうが、盛時はいまだ幕府での役職は無役であったから、その斡旋で出されたとは考えがたい。そのためここでは、盛定、貞宗あたりの尽力によるものとみておきたい。

しかし、これでただちに竜王丸が今川家当主として存在するようになったわけではなかった。依然としてその地位には、範満が位置し続けるのである。またこの御教書の発給をもとに、両者間に抗争が生じたわけでもなかった。その意味でもこの御教書は、単なるお墨つきでしかなかったといえる。幕府に竜王丸を今川家当主として承認してもらったものの、現実の政治関係に作用する効果は、ただちには生まれなかったのである。御教書は、あくまでも獲得した側が、実力を発揮してその内容を実現するものであった。この時点では、まだ北川殿たちは、実力行使に移ったわけではなかったのである。

ではなぜ、北川殿たちはこれを獲得したのであろうか。おそらくそれは、来るべき時期に、範満に代わって竜王丸を当主にするに際して、その正当性を確保しておくためではなかったろうか。そしてその時期とは、竜王丸が成人する十五歳を迎えた時と考えられていたに違いない。しかしそれは、範満を十年以上、今川家当主として存在させることを意味する。そうなればその事実が、範満の地位を担保してしまって、竜王丸が当主になる可能性を失いかねないものとなってしまうに違いない。そのため北川殿たちは、範満をあくまでも竜王丸成人までの「名代」として認識し、そのことを正当化するためのものとして、この御教書をあらかじめ獲得したと考えられる。

堀越公方足利政知の思惑

ここで足利義政が、今川家の当主として竜王丸を承認したとして、では対する範満の立場はどうなるのであろうか。範満がその地位にあるのは、堀越公方足利家と扇谷上杉家の家宰太田道灌の支援によるものであった。足利義政とその庶兄にあたる政知とは協調関係にあったから、この義政の対応は、政知との間に齟齬《そご》を生じさせなかったのであろうか、ということが疑問として生じてくる。その際に注意されるのは、前年の文明十年（一四七八）正月に、関東の幕府方勢力の中心であった山内《やまのうち》上杉家と扇谷上杉家らが、享徳の乱で抗争関係にあった、古河《こが》公方《くぼう》足利成氏《しげうじ》と和睦を結んだことである。

両上杉家と足利成氏の和睦は、両上杉家が、幕府と足利成氏との和睦を周旋するということを条件にしたものであった。当然それは、堀越公方足利家の地位に抵触するものであった。もっともこの段階で、両上杉家と堀越公方足利家との連携が解消されたわけではなく、両上杉家は、基本的には堀越公方足利家を鎌倉公方として仰いでいた。しかし、享徳の乱のなかで、足利政知が鎌倉公方として振る舞おうとすると、その両上杉家との間でしばしば権益をめぐる対立を生じさせていたのも事実であった。その意味では、両者の連携は必ずしも良好とは言い難いものであった。そうしたなかで、両上杉家が足利成氏と和睦したのであった。

もっとも両上杉家ではこの時、山内上杉家宿老の長尾《ながお》景春《かげはる》の叛乱をうけていて、上杉方勢力が二分される大戦乱の最中にあり、て劣勢の状態に陥っていた。そのため、景春追討と足利成氏との抗争を切り離すため、成氏との和睦をすすめたのであった。いわば両上杉家としては窮余の策であり、必ずしも真剣に幕府と成氏との和睦を仲介しようとしたわけではなかったのである。しかしこうした態度は、足利政知にとっては見過ごしえないことであったように思われる。

範満の存立を支えたのは、扇谷上杉家の存在であり、とりわけその家宰の太田道灌の存在であった。扇谷上杉家が足利成氏と和睦したことをうけて、政知は範満を支援する態度を停止した可能性を想定できないであろうか。もはや政知にとっては、今川家当主は範満でも竜王丸でもどちらでもいいという考えになったのではなかろうか。あるいは堀越公方足利家の勢力が、駿河駿東郡までおよんでいたとみられるなかで、範満の勢力がそれと衝突するような事態が生じるようになっていたのかもしれない。その場合には、政知の側にも、範満と対立する積極的な理由があったことになろう。

もう一つ、政知にも積極的に義政の判断を支持する理由をみいだせるかもしれない。それはその文明十一年までのうちに、政知が幕府管領家の最有力者であった細川政元《まさもと》と連携するようになっていたことである（家永遵嗣「明応二年の政変と伊勢宗瑞（北条早雲）の人脈」）。そしてその動きはやがて、政知次男（法名清晃、のち義澄《よしずみ》）を将軍家後継に擁立していくことになる。

政知が、この頃から細川政元と連携するようになったことは、義政との協調を強化していく背景として理解できるかもしれず、それにより範満支援を停止することになったと推測することもできる。さらにその前後から、執事上杉政憲の弟の一色政凞《まさひろ》・政具《まさとも》父子が、義政・義尚《よしひさ》の側近として活躍するようになっている。このことも義政との協調の強化をうかがわせ、ここからも政知が範満とは疎遠になっている状況がみられるとされている（家永遵嗣『室町幕府将軍権力の研究』）。

いずれにしろ、その背景は充分に明らかにはならないが、少なくとも足利義政が今川家当主に竜王丸を認めたことに対して、すでに足利政知は義政との連携を重視するようになっていたため、それに同調して、範満への支援を停止するようになったのではなかったか、と考えられる。ここに範満は、その有力な支援者の片方を失うに至ったとみなされる。

伊勢盛時の登場

この頃から、北川殿の弟である伊勢盛時の活動が確認されるようになってくる。盛時は、康正二年（一四五六）の生まれであった。父盛定には、次男であったらしく、兄として八郎貞興が伝えられている。しかし貞興の動向は、全く確認されていないので、盛時が元服する頃には死去するなどして、その後は盛時が盛定の嫡子の立場にあったとみなされる。また弟に弥次郎盛興（もしくは盛重）があり、寛正五年（一四六四）生まれで、盛時より八歳年少であったとみられている（拙稿「伊勢宗瑞論」）。

盛時の元服はおそらく、十五歳となった文明二年（一四七〇）頃のことと推測される。仮名は新九郎《しんくろう》を称した。兄貞興の仮名が八郎であるから、盛定の庶子に相応しい。その翌年の同三年六月二日付けで、備中荏原郷長谷法泉寺（岡山県井原市）に宛てて禁制を出しており（「法泉寺文書」『小田原市史史料編中世Ⅱ』四〇号）、これが盛時が史料にみえる最初になる。この時、十六歳であった。荏原郷は、備中伊勢氏一族の所領となっていて、盛時の家系も同郷に所領を持っていて、法泉寺は、父盛定が建立したとされる菩提寺になる。父盛定もかつて同寺に禁制を出している。

ここでなぜ盛時が禁制を出しているのかは、ただちにはわからない。菩提寺に禁制を出すという行為そのものから考えると、通常では、新たに当主になったことにともなうとみるのが自然である。盛定はいまだ生存していたが、この頃には五十歳前後になっていて、三年後には出家して法名正鎮を称していることが確認されている（『室町幕府引付史料集成上巻』二六六頁）。そうするとここで盛定が、盛時の元服をうけて、家督を譲ったということはありえないことではないように思われる。少なくともこの時点で、兄貞興は死去していたとみてよいであろう。また盛時はこの禁制を、新たに嫡子になったため出したと考えられなくもない。その後しばらくの動向は確認されないので、まだ当主ではなかったとみることもできるからである。いずれにしても、嫡子あるいは当主としての禁制発給とみておくことにしよう。

次に確認されているのは、そ

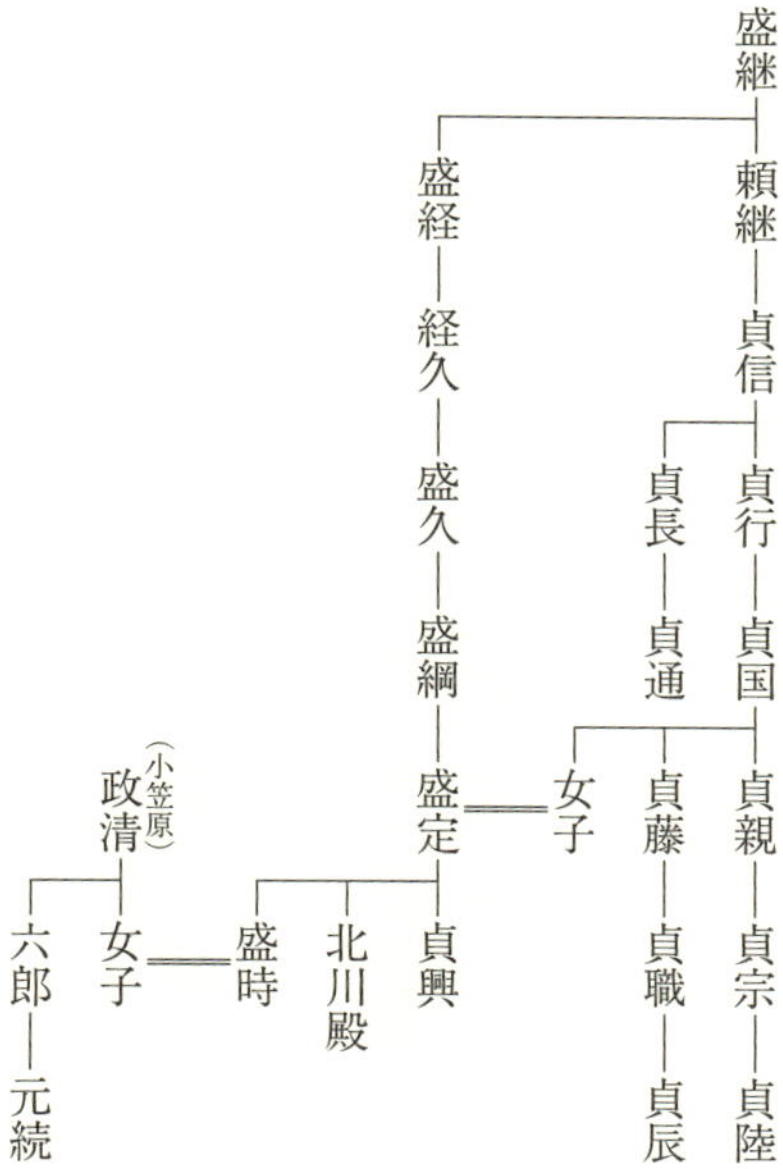

伊勢盛時関係系図

れから七年後になる文明十年二月二十八日、「室町殿」足利義政・将軍足利義尚父子が、管領職を歴任する細川京兆《けいちょう》家当主の政元（当時は聡明丸）亭を訪問した際、その御供衆《おともしゅう》のなかに「伊勢八郎盛時」とみえているものになる（『後鑑《のちかがみ》』新訂増補国史大系本刊本）。その直前には、叔父にあたる伊勢弾正忠貞固の名がみえているので、この盛時は、宗瑞にあたる盛時のこととみてよいであろう。このことからすれば、盛時はこの頃から、幕府の直臣として活動を開始するようになっていたことがわかる。

しかし問題は、仮名が「八郎」になっていることである。この後に確認される仮名はすべて「新九郎」であり、このことをどのように考えたらよいのかが問題となる。もっとも盛時の仮名を「八郎」と記す史料は他にもあり、『尊卑分脈』（新訂増補国史大系本刊本）所収系図に、「八郎」と記されている。父盛定の仮名は、当時の史料では確認されないものの、系図では「八郎」と伝えるものがあり、また兄として八郎貞興が伝えられている。これらのことをみると、盛時の仮名を八郎と伝えるものは、それらとの混同によるのかもしれない。あるいはもっと意味のある理由によるのかもしれないが、すぐに成案も出せないので、今後の課題としておきたい。

盛時は、それから三年後の文明十三年九月十八日に、備中国守護代・庄《しょう》伊豆守元資の被官渡辺帯刀丞への借銭に関して、借銭額一六貫文（現在の約一六〇万円）の五分の一を幕府に分一銭《ぶいちせん》として納めて、徳政令を適用してもらっている（「賦引付」小二九二）。同時に盛時の被官であった小林山城守氏職も、同人から三三貫文の借銭について、同じようにして徳政令を適用してもらっている。庄氏とその被官渡辺氏も荏原郷に権益を有する存在であったから、盛時らはそれに因んで借銭をしていたのであろう。またここにその被官として小林山城守氏職の名がみえている。おそらく幕府奉公衆一族とみられるものの、充分に調査できていないため、どのような人物なのかは把握できていない。とはいえこれらにより、盛時はこの時には盛定から家督を継いで当主になっていたとみなされる。

そして二十八歳になった同十五年十一月十一日に、将軍足利義尚の申次衆《もうしつぎしゅう》に加えられている（「慈照寺殿年中行事」小二九三）。申次衆とは、将軍への取次役であり、いわば秘書官のようなものといえる。この役職は、二、三十代の幕府奉公衆の子弟が務めるものであったとみられている。このことから盛時は、盛定の後継者として、幕府の青年官僚の一人として位置するようになったといえる。申次衆としての仕事が知られる事例は、同十九年（長享元年、一四八七）四月十五日に、公家の甘露寺《かんろじ》親長が足利義尚に参向した際、盛時が義尚の返事を伝達していることがあげられる（「親長卿記」小二九四）。そしてこれが、盛時が足利義尚の申次衆であったことを示す最後の史料となっている。

また、その間の同十七年十一月に、荏原郷での所領をめぐって伊勢掃部助《かもんのすけ》盛頼と祥雲寺との間で相論《そうろん》があり、それに際して盛時は、祥雲寺から求められて同寺の主張が正当であるとの証言を行っている（「蔭涼軒日録」小二九五）。伊勢盛頼は、盛時には従兄にあたる存在で、その父盛景は盛定の兄にあたる。そこで盛時は、備中伊勢氏の荏原郷での所領は、盛景・盛定の父盛綱が、兄弟に分与したものであることを証言している。この状況をみると、盛時と盛頼は、荏原郷での所領をめぐって対立関係にあったのかもしれない。

なお、この伊勢盛頼に関しては興味深い事実がある。これより先の文明十年十月二十七日に、幕府の裁許をうけて、「今川上総介雑掌」妙音寺法音への借銭九〇貫文（現在の約九〇〇万円）について、その相続弟子からの返済を確保しているのである（『室町幕府引付史料集成上巻』三一四頁）。「今川上総介」というのは亡き義忠のことであり、その雑掌《ざっしょう》というのは京都雑掌のことで、京都における事務担当者のようなものになる。それが伊勢盛頼から三回にわたって借銭をして、総額は九〇貫文になっていて、それが法音が死去したため、返済に問題が生じて、盛頼は幕府に裁許を求めた、というものであったとみなされる。

これにより、駿河今川氏が京都に雑掌を置いていたことがわかる。それだけでなく、それが伊勢氏一族から借銭をしていて、偶然にもその銭主が、盛定・盛時の親類でかつ対立関係にあったかもしれない盛頼であった。その借銭はおそらく、義忠生前期からのものであろうし、そうであれば義忠は、貞親・盛定だけでなく他の伊勢氏一族とも交流を有していたのかもしれない。しかしその返済に問題が生じているあたりは、盛時と盛頼との対立の背景になっていたようにも思われる。

これらが、盛時が駿河に下向してくる以前における、京都での活動となる。ここでもう一つのことを取り上げておきたい。それは婚姻についてである。この長享元年に嫡子氏綱《うじつな》が誕生しており、その母は幕府奉公衆「小笠原備前守」の娘と伝えられている。これがすなわち盛時の妻であり、この年に嫡子が生まれていることから、その結婚はこれより数年以内に行われていたことが想定される。ここでの「小笠原備前守」は、史料所見の状況から、政清にあたるとみなされている。盛時は、申次衆として活動するなかで、同じ幕府直臣の小笠原政清の娘と結婚したのである。

このように盛時は、十六歳の文明三年から、三十二歳の長享元年四月まで、幕府官僚の一人として活動を続けていたということになる。そしてその後、甥の竜王丸擁立のために、いよいよ駿河に下向するのであった。

盛時の駿河下向

竜王丸の動向については、文明十一年（一四七九）に足利義政から父義忠の遺跡相続を承認された御教書を出されてからは、しばらくうかがうことができない。周辺の動きがみられるようになるのは、それから八年後の文明十九年（長享元年、一四八七）正月五日に、竜王丸の姉が、正親町三条実望に嫁いだことである。これは、竜王丸がちょうど十五歳を迎えた時にあたる。

姉はおよそ十七歳くらいであったとみられる。夫となる三条実望は、寛正四年（一四六三）生まれで、この時は二十五歳であった。父義忠がすでに死去しているなかでの結婚であるから、その背後には当然ながら京都政界での仲介者があったに違いない。ちなみに、この結婚自体は京都で行われているから、姉はそれまでに上洛していたとみなされる。それまで北川殿と竜王丸と同居していたとすれば、ある時期に山西から上洛していたことになろう。あるいはこの結婚が取り決められたのを機に、上洛したのかもしれない。ただしそうしたことを考えると、やはり北川殿とその子供たちは、先の内訌に敗北した後は、上洛して京都生活を送っていたとみたほうが自然のようにも思えてくる。

それはともかくとして、この結婚を仲介したものとして想定されているのは、伊勢氏本宗家当主の伊勢貞宗であり、また北川殿の弟の盛時である（家永前掲書）。三条実望の父公治《きんはる》は、それ以前から将軍足利義尚の側近として存在するようになっていた。そして公治の弟公綱《きんつな》の娘は、かつて足利義尚の妾であったとともに、この時には伊勢貞宗の嫡子貞陸《さだみち》の妻になっていたのであった。そして盛時は、すでにみたように足利義尚の申次衆であった。この婚姻は、足利義尚と伊勢氏本宗家との密接な結びつきとその成立を示すものとみなされている。

ここに竜王丸とその家族の存在が、足利義尚、伊勢氏本宗家の動向に大きく関わってきていることがうかがえる。当然ながらその背後には、母たる北川殿の働きかけがあったに違いない。先の結婚に関しても、すでに米原正義氏は、北川殿の意向が強く働いていたのではないかと推測している（同著『戦国武士と文芸の研究』）。そこから北川殿が、将軍家と伊勢氏本宗家の協力を得て、何としても範満を打倒して、竜王丸を今川家当主の地位につけたいと考えていたとみることができるかもしれない。そしてその時期は、ついにこの年の十月にやってくるのである。

この年の九月二十日、将軍足利義尚は近江六角高頼《ろっかくたかより》討伐のため近江に出陣する。盛時はそれには従軍していないので、この時に盛時は、義尚に駿河への下向を願い出て許されたものと推測されている。盛時の駿河への下向は、いうまでもなく、武力によって範満を打倒して、竜王丸を今川家当主に擁立することであった。ではなぜこの時期であったのか。一つは将軍足利義尚による軍事行動の展開であろう。将軍の意向を軍事行動で示すということが行われるようになり、その刺激をうけてのことと思われる。そしてもう一つは、範満支持勢力の無力化であった。

範満が今川家当主になったのは、堀越公方足利政知と扇谷上杉家の家宰太田道灌の支援によるものであった。ところが先にみたように、文明十一年の頃には、足利政知の支持は得られなくなっていたと考えられる。逆にむしろ、河東地域をめぐって対立を生じさせるようになっていた可能性もある。そしてもう一方の太田道灌は、前年の文明十八年七月二十六日に、主人の扇谷上杉定正との政治対立の結果として、その定正に誅殺されるにいたっていた。そしてその後の混乱から、関東西部の武家勢力として二大勢力であった山内上杉家と扇谷上杉家との政治対立が展開し、この頃には武力抗争の展開が必須の情勢になっていた。

盛時の駿河への下向は、まさにこの情勢をうけてのことであろう。かつての今川家の内訌では、関東勢力の介入をうけて竜王丸は敗北したのであった。それがこの時期になって、関東勢力による介入は想定されない情勢となった。竜王丸派を糾合して、範満を打倒する絶好の好機ととらえたに違いない。

さらにいえば、ここで盛時に下向をうながしたのは、おそらく姉の北川殿ではなかったろうか。盛時がそこまで関東の情勢に詳しかったとは思われないので、それらの情報は、山西にあった北川殿からもたらされたに違いない。そして同時に、好機であるとして実力行使を要請したのではなかろうか。また、もし北川殿が在京していたとしても、駿河在国の竜王丸派との繋がりは維持していたであろうから、そこから情報を得て、右のように判断したとも考えられる。

　関東の情勢を踏まえた盛時の駿河下向、そして竜王丸の蜂起は、亡き義忠の後室であるとともに、竜王丸の母であった北川殿の意向が大きく働いていたように思われる。その北川殿にとって、最も頼りになるのが弟の盛時であったであろう。今川家譜代の家臣のなかには、現在は範満に従っているものの、竜王丸に味方するものは存在しただろう。しかしそれらだけを頼るのは不安でもあったろう。だからこそ北川殿は、盛時に下向と範満討滅の主導を要請したものと思われる。

今川小鹿範満を討滅する竜王丸

　竜王丸の蜂起を伝える最初の史料となるのは、この年の長享元年（一四八七）十月二十日付けで、竜王丸が、山西地域大津庄に所在した東光寺《とうこうじ》（島田市）に対して、寺領についての諸公事免除を認める黒印判物を出しているものになる（戦今六五）。これは竜王丸、すなわち氏親の発給文書としても、確認されているなかで最初のものとなっている。その意味でもこれは、この後に展開されていく戦国大名今川家にとっても最初の発給文書ということになり、まさに記念碑的な文書といえる。

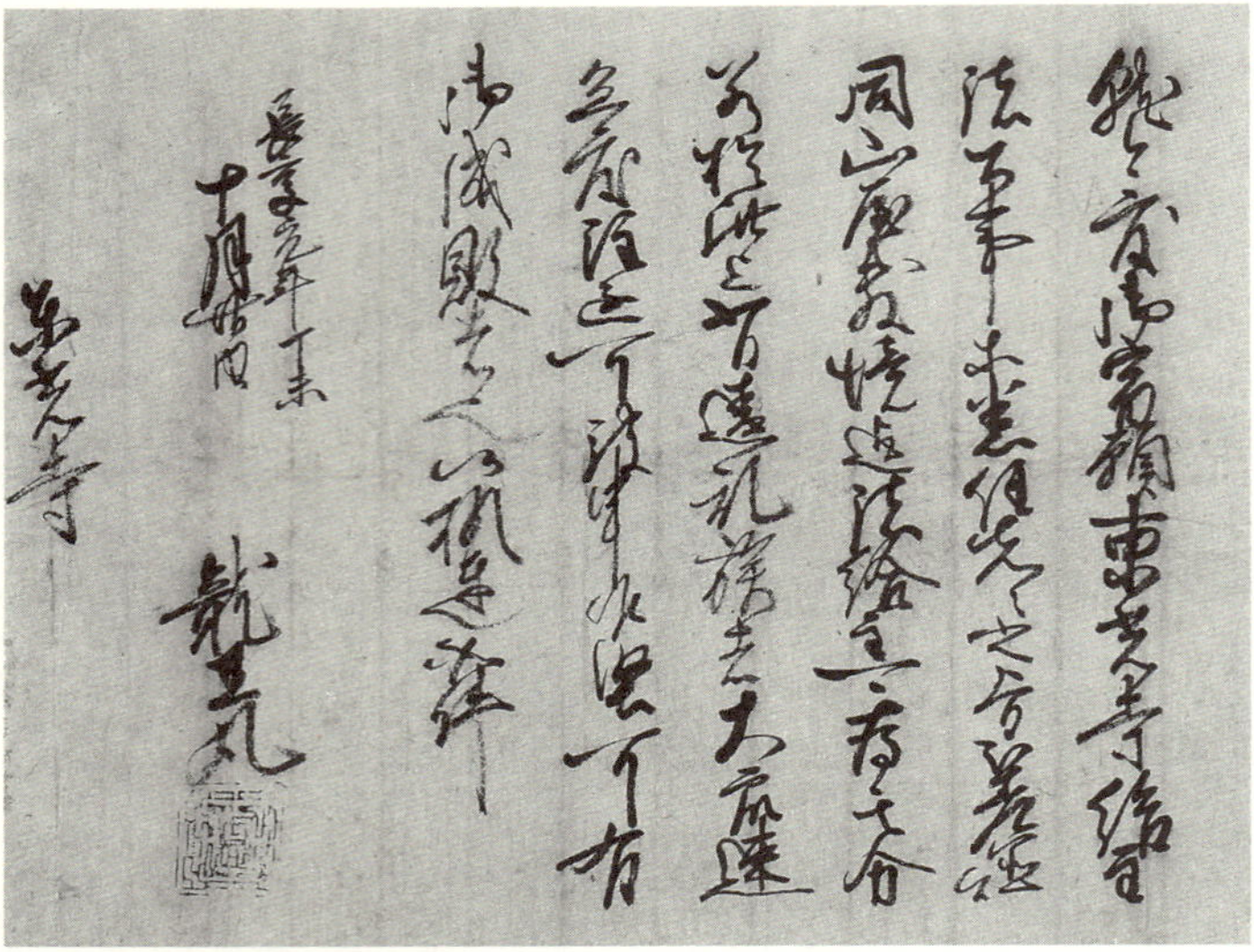

長享元年（1487）10月20日付け今川竜王丸黒印状（東光寺文書　画像提供：島田市博物館）

その差し出し部分には、竜王丸の署名を記して、その下部に印文《いんぶん》不明の黒《こく》印《いん》を押捺している。これは竜王丸がまだ元服前のため、保証能力を示す花押《かおう》を持っていなかったので、それに代えて印判を押して出したというかたちがとられている。こうした様式のものは、この後の戦国大名には一般的にみられることになるが、この時期にはまだほとんど類例のない、その意味では極めて革新的な様式となっている。これを竜王丸が考案したとは考えがたいので、おそらくはその蜂起を主導すべく下向してきた、伊勢盛時の発案ではなかったろうか。実際にも盛時は、その後において印判を多用する文書発給のスタイルを確立していくことからすると、そのように推測してもよいと思われる。

　そして竜王丸は、この文書を「今度御宿願に就き」出している。ここでの「御宿願」は文字通り、竜王丸が今川家当主となることを指しているとみなされる。ここで自らの行為に「御」を付けているところは、すでに当主を自認していることによろう。ただし文末は「仍《よって》執達如件《しったつくだんのごとし》」と結んでいて、支配下に出す場合の通例である「仍如件」よりも丁寧になっている。これは押捺している印判が黒印であることとも関わる問題とみなされるが、それらはいまだ竜王丸が、現実には今川家の当主になっておらず、その保証能力を行使する状況になかったため、控えめな書式をとったものとみられる。実際にこの後、竜王丸が今川家当主として確立をみると、文末の文言も「仍如件」に変化するのである。さらに元服後には、印判も黒印から朱印に変化するのであった。

　なおこの文末文言に関して、かつては、上位者の意向をうけたものである「奉書文言」と理解して、そのため「御宿願」も将軍などの行為と理解されることが多かった。しかし「仍執達如件」は、差し出し人が直接に出した「直状式」の文言であるから、そのような理解は不要である。

　こうして竜王丸は蜂起したのであった。もっとも、その後における竜王丸方と範満方との抗争の状況は明らかではない。その状況を伝えているのは「今川家譜」などになる。そこでは、盛時が「今川普代」の人々を糾合して、駿府館に攻め入り、範満とその甥の小鹿孫五郎を討ち取った、と記している。「今川記（富麓記）」は、先の内訌において盛時の仲介により竜王丸が当主になったという記述にしているため、そもそも範満の討滅のことは記されていない。しかし状況から判断して、盛時に率いられた竜王丸方が範満を討ち取ったことは確実であろう。

範満の死去した日にちについては、現在は失われているものの、かつて「得願寺過去帳」に、「大慈院殿歓山喜公大禅定門、霜月九日、小鹿殿ノ事」とあるのが紹介されており（足立鍬太郎「今川氏親と寿桂尼」拙編『今川氏親』所収）、これによって十一月九日であったことがわかる。竜王丸の蜂起は、少なくとも十月二十日には行われていたから、最も短くみても二十日程度、長くみても一ヶ月も経たないうちに、範満の討滅を遂げたとみられる。それだけ範満を支持する存在が少なくなっていたのであろうか。あるいは竜王丸方の攻撃が迅速であったのであろうか。なお、範満と同時の戦死が伝えられる「小鹿孫五郎」は甥というから、おそらくは範満の弟の長男で、範満に子がなかったため、後継者に迎えられていた存在とみなされる。

丸子に新館を構える

竜王丸は、範満の討滅を果たすと、これまではただちに駿府館に入ったとみられてきた。駿府館への移住の経緯について、例えば「今川家譜」は、文明八年（一四七六）の内訌の際に、竜王丸が山西小川に逃避した後、盛時は太田道灌らとの間で、範満を隠居させて竜王丸を当主とするという取り決めをし、それをうけて丸子館《まりこやかた》（静岡市）に移り、さらに範満を討滅した後に駿府館に移った、と記している。「今川記（富麓記）」は、丸子館や範満討滅は省略して、竜王丸を当主にする取り決めがなると駿府館に移ったとしている。

すでにみてきたように、これらの記載は事態の経過や時間経過としてもそのままには受けとれないものであるが、範満討滅によって駿府館に移ったという内容は共通していよう。そのためこれまでの研究においても、竜王丸は範満討滅を果たすと、駿府館に入ったとみてきた。ただし、そのことを明示する史料は存在しておらず、むしろ竜王丸は、範満討滅の後は、ただちに駿府館に入ったのではなく、丸子に新館を構築して、しばらくはそこを本拠にしたとみなされるのである。

このことをうかがわせるのが、「宇津山記《うつのやまのき》」の記載である。永正元年（一五〇四）の記載のなかに、「十とせのさき十とせあまり、太守《（氏親）》〈于時修理大夫〉此山《（宇津山）》うちにをくらせたまひ、国の人あつまりきゐて、所せかりして、家五、六十間とそ見えし、むかしの国府をあらため、かへり給のち」という記述がある。これまではこれを、宇津山は丸子にあたるから、山西での隠棲時に丸子に在所していたことを示すものとみてきていた。しかし、永正元年から十年前というのは明応《めいおう》四年（一四九五）にあたり、その十年前は文明十八年にあたるから、ただちにこれを隠棲時のこととみることはできない。しかも内容は、丸子館にあって、人が集まり、家が五、六十軒も建って賑わっていたことを示すものとなっているから、およそ隠棲時の状況とは考えられない。

　竜王丸が丸子館にあったこと、そこから駿府館に移ったことを伝えるのは「今川家譜」であったが、この「宇津山記」の記載をそのままに受けとめるならば、竜王丸の丸子館在所は、範満討滅後から、明応四年頃までのこととみるのが妥当といえる。そしてそこから「むかしの国府」すなわち駿府に移った、という経緯が想定できることになる。竜王丸は、範満討滅後は、通説でいわれていたのとは異なって、丸子に移って、新館を構築し、そこを本拠としたと考えられる。

　しかしそうだとしても、なぜ駿府ではなく、丸子に入ったのであろうか。丸子と駿府は、ほとんど安倍川を挟んだ対岸に位置しているから、それほどの違いはないようにも思われるからだ。駿府館は、駿河国府に所在するとともに、何よりもそれまでの今川家の本拠であった。新たな今川家当主となったのであるから、同所に入部するのが自然のように思われる。竜王丸がすぐに駿府に入らなかったのは、何らかの理由があるに違いない。それは明確にはわからないが、その後の戦乱状況が関係しているように思われる。

というのは、範満の討滅を果たしたからといって、そのまま範満方を屈服させたわけではなかったらしいのである。竜王丸による、丸子や駿府が所在する山東地域の制圧は、実際には二年後の長享三年（延徳元年、一四八九）までかかっていたことがうかがわれるのである。竜王丸は、山西から山東に進出したかたちになっていたとみなされるから、山東地域の制圧をすすめるにあたって、安倍川手前の丸子を拠点にしたのかもしれない。

駿河山東地域などの領国化

範満討滅を果たして二ヶ月後にあたる長享二年（一四八八）正月十四日、山東入江庄高橋辻（静岡市）で合戦があり、竜王丸は家臣由比助四郎光規の戦功を賞している（戦今六六六）。続いて同年七月には、家臣興津彦九郎（盛綱か）に本領を安堵している（戦今六六七）。なお、これらの文書では、竜王丸の署名に黒印を据えていることは、先の東光寺宛のものと同じであったが、文末の文言は「仍如件」となり、明確に主人としての態度がとられたものとなっている。

また、入江庄村松に所在した海長寺の所伝では、「長享年中」の「当国一乱」の際に、今川氏譜代家臣の矢部氏一族が「敵」となり、「屋形」がこれを滅亡させ、「爰元の郡内悉く黒と成」った、と伝えている（「日海記」静二五一）。矢部氏は、義忠が遠江に侵攻していた時期に病死した重臣として、矢部左衛門尉が存在していたように、今川家譜代の重臣であったとみられる。その一族は、義忠の死後は範満の擁立を支持して、範満を支えた今川家譜代家臣のなかでも代表的存在であったことがうかがわれる。ここでの「屋形」は竜王丸（氏親）を指しているととらえられるので、これは竜王丸による範満討滅の際に、矢部氏が範満方として抵抗し、竜王丸方によって滅亡させられたことを伝えるものとみられる。そしてその戦乱によって、入江庄を含む庵原《いはら》郡は戦火にあったことがみえている。

同年九月には伊勢盛時が、紀伊熊野那智山《なちさん》社に同社領長田庄内（静岡市）を安堵する打《うち》渡状《わたしじょう》を出している（戦今六八）。この打渡状というのは、守護による所務遵行（支配を実現させること）命令をうけてのものであることから、ここでの盛時の行為は、竜王丸の代官としてのものとなる。その代官とは、通常は守護代と称されるものにあたる。そのため盛時は竜王丸のもとで「守護代」の地位にあったとみられている。もっとも実際に盛時が同職に任命されたかは確認されないが、その職務を果たす存在であったことは間違いない。そうした立場は、当時における他の大名家の事例を踏まえれば、「家宰」の地位にあったとみることはできる。ただし盛時は、竜王丸の譜代家臣ではなく、叔父という親類の立場にあったから、むしろ「後見役」とみたほうが妥当と考えられる。

長田庄は丸子を含む地で、ここでの社領安堵は、それまで同所の代官を務めていたとみられる定泉坊が、「不慮の動き《はたら》き（不意の軍事行動）」によって知行していたものを、それ以前の代官であったとみられる城泉坊に「返進」した、というものであった。定泉坊による知行とはおそらく、範満方にあったことによるとみられる。そしてその討滅により、城泉坊に返付したものとみなされる。そして同三年（延徳元年）正月、竜王丸は、建穂寺《たきようじ》に藁科《わらしな》郷・服織《はとり》庄今宮浅間社領（静岡市）などを安堵している（戦今七二）。藁科郷などは丸子の北方に位置する地で、建穂寺は今宮浅間社の別当寺にあたる。

これら長享二年から同三年にかけての動向は、範満討滅後も山東領有をめぐって抗争が展開されていたこと、由比氏・興津氏といった同地域の有力領主の家臣化をこの時に果たしたこと、それによって山東地域を支配下においたことを示しているとみなされる。由比氏・興津氏は、室町時代は国人であったが、父義忠の時期には家臣化していた存在となり、範満の代にはそれに従っていたとみられる。ここで竜王丸が興津氏に本領を安堵していることは、

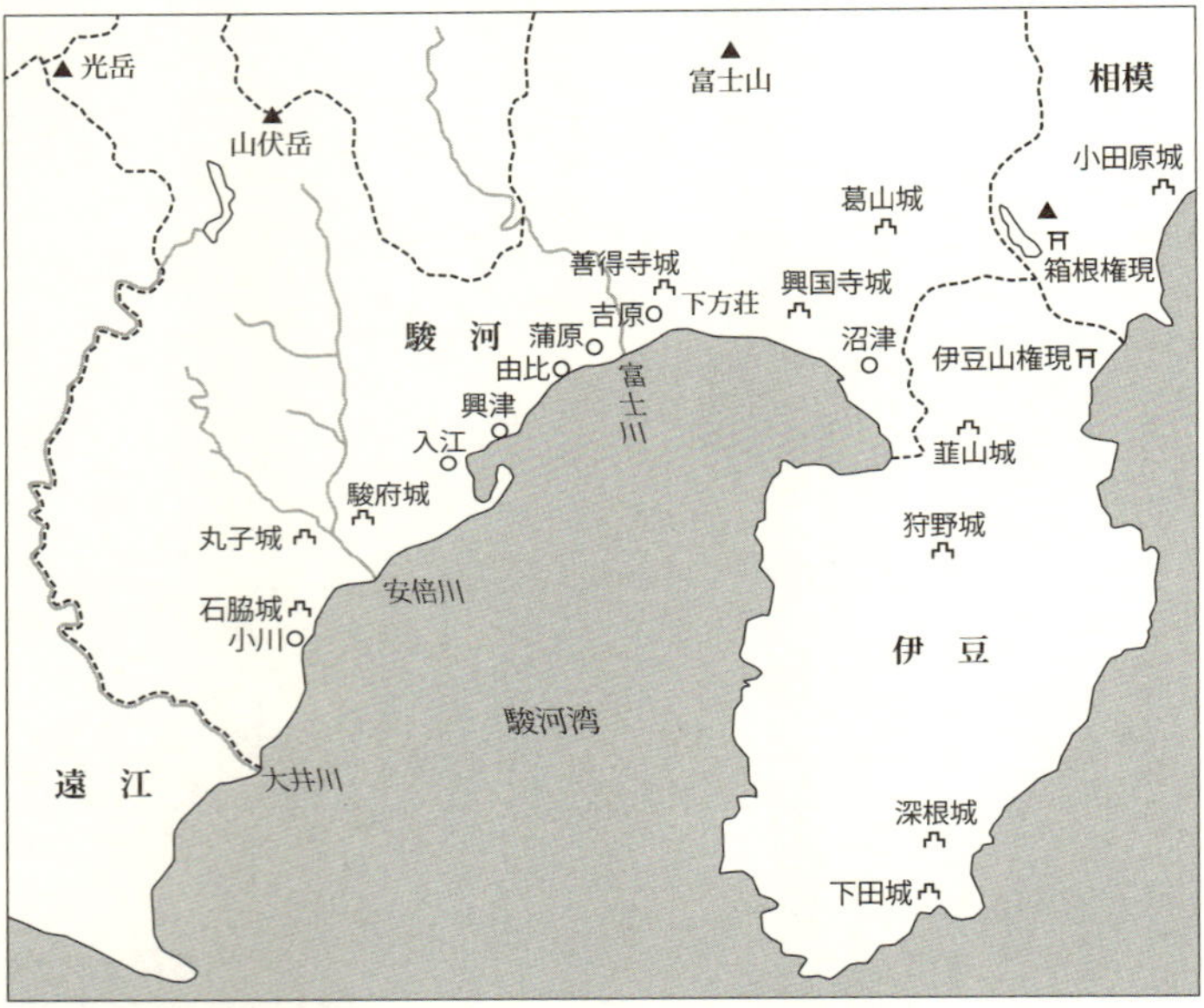

伊豆・駿河の城郭分布図

この時に興津氏の家臣化を遂げたことをうかがわせる。

　これらのことはいずれも、範満を討滅し、丸子・駿府を中心にした山東地域の領国化をすすめるものととらえられ、また新たな知行関係の構築を示すものとみなされる。竜王丸は丸子館において、それらの経略とその後の支配展開をすすめたとみられる。これらのことから、竜王丸による山東領国化は、長享二年までかかっていて、同年後半に支配確立を遂げたとみることができる。

　さらに盛時については、範満討滅の功績によって、河東地域（駿河東部）のうち富士郡下方《しもかた》地域で三〇〇貫文の所領を与えられたとされている。これについては、例えば「今川家譜」には「下方十二郷を賜り、興国寺の城に移る」とし、「今川記（富麓記）」には「富士郡下方庄を給わり、高国寺《こうこくじ》の城に在城なり」としている。いずれも簡単に記すのみであるが、「異本小田原記」にはもう少し具体的に記されていて、「駿河国高国寺の城を下さる。下方庄依田橋・原・柏原・吉原を知行す」とあって、具体的な所領名があげられている。また「今川記」（加越能《かえつのう》文庫本）にも「高国寺に富士郡依田橋・せこ・ひんな《（比奈）》と云所を三百貫新九郎に給わる」とあって、所領の貫高《かんだか》（銭貨による価値表示）までが記されている。

　このうち、盛時が興国寺城（沼津市）を与えられたということや、同城に在城したことについては、ただちには採用できないが、富士郡下方地域に所領を与えられたことについては、ある程度信用してよいと思われる。そしてその所領は、依田橋・原・柏原・吉原・せこ・比奈（いずれも富士市）などにあたり、総計で三〇〇貫文におよぶものであったことがうかがわれる。同地域を含む河東地域は、山東地域からは富士川を挟んでそれより東の地域にあたっている。ここで竜王丸が盛時に、それら下方地域を与えているということは、この時に下方地域までの領国化を果たしたことを示しているとみることができる。

　こうして竜王丸は、長享元年十月に範満打倒のために蜂起し、十一月に範満を討滅して、山西地域から山東地域に進出し、丸子に新館を構築した。さらに山東地域の経略をすすめて、翌同二年後半にはそれを遂げ、延徳元年初めには新たな知行関係の構築を遂げるとともに、河東地域のうち富士郡下方地域にも進出を果たして、山西地域から富士郡下方地域までの領国化を果たしたとみることができる。

ただし駿河国には、その他にも富士郡北部と駿東郡があり、それらは国衆と化していた富士家・大森家・葛山家の領国となっていて、また駿東郡南部には伊豆国主の堀越公方足利家の勢力もおよんでいたと推測される。おそらくこの時は、竜王丸は堀越公方足利政知とは連携関係にあったとみなされるから、竜王丸の駿河領国化はこれで一応の達成をみたということであったろう。竜王丸がそれらの地域をも領国化するのは、もう少し先のことであったと思われる。

盛時の帰京

伊勢盛時は、範満討滅を実質的に主導するために駿河に下向した後、竜王丸による領国化を確立させる過程でも、打渡状を出していることから、それを実質的に補佐していたとみなされる。しかし盛時は、竜王丸による領国確立が遂げられると、再び京都に戻るのである。

その時期は明確にはなっていないが、長享二年（一四八八）九月までは駿河在国が確認されたが、延徳三年（一四九一）五月には在京が確認されている。竜王丸の領国確立が、同元年初めに遂げられているとみなされることからすると、その直後頃に帰京したのであろうか。盛時の帰京時期については、後に触れる堀越公方足利政知の死去をうけてとみる見解もあるが、帰京後に仕事に就いていることから、ここでは竜王丸の領国確立をうけてのことと考えておきたい。

また、ここでの盛時の立場を考えるうえで重要な事柄がある。盛時はどうやら、駿河に在国していた期間に、堀越公方足利家の奉公衆にもなって、足利政知から伊豆国田中郷（伊豆の国市）と桑原郷（函南町）を所領として与えられたらしいのである（拙稿「伊勢盛時と足利政知」）。このことから、盛時と足利政知との結びつきを認識することができるとともに、そうであれば盛時が主導して遂げた竜王丸による範満討滅、続く領国化の動向も、足利政知の了解のもと、それとの連携を得て行われたものであったとみることができる。

盛時の役割は、そもそもが竜王丸を今川家当主として存立させることであったから、それが確保されたため、本来の姿である幕府の役人へと復帰することになったのであろう。そうして延徳三年五月には、その時の将軍足利義材《よしき》（のち義稙《よしたね》、義尚の従兄弟）の申次衆になっていることが確認されている（『北野社家日記』史料纂集本刊本）。盛時の帰京に際し、その尽力をもっとも頼みにしていたであろう姉の北川殿が、どのように思っていたのかは気になるところではある。しかし竜王丸の存立は、京都の室町将軍家と堀越公方足利家の支援や連携のもとに遂げられていることからすると、盛時には、京都で将軍家と今川家との繋がりを確保する役割を期待したかもしれない。

ところが延徳三年四月三日に、堀越公方足利政知が死去したことによって、情勢は急転回をみせていくことになる。政知には、長男茶々丸、次男清晃（のち義澄）、三男潤童子《じゅんどうじ》があり、茶々丸は先妻の子で、清晃・潤童子は後妻の円満院・武者小路氏の子であった。政知は生前、次男清晃を将軍後継にすることを図っていて、先に述べたように文明十一年（一四七九）までに、細川政元と連携するようになっていて、長享元年（一四八七）三月に、清晃の上洛に成功し、かつて政知がその地位にあった、天竜寺塔頭の香厳院の院主とするところまで漕ぎつけていた。すでにこの時、将軍足利義尚は病弱のため、後継問題が取り沙汰されるようになっていて、清晃はその有力候補になっていた。政知はこの時、清晃を将軍にし、長男茶々丸を排除して、清晃の同母弟の潤童子を堀越公方にすることを計画していたとみられている。いずれも細川政元との連携によるものであったらしい（家永前掲書など）。

そして延徳元年（一四八九）三月に義尚が死去すると、清晃擁立の動きも顕在化していったが、翌同二年正月に義政が死去すると、義政の弟義視の子の義材が将軍に就任することになった。盛時は帰京後に、この義材の申次衆を務めているのであるから、あるいは帰京はこの義材の将軍就任後のことであったかもしれない。また清晃を将軍家後継に画策していた政知の奉公衆でもあったことからすると、盛時の帰京は、その尽力のためであったという推測もできるかもしれない。その場合には、あえて対立関係にあった義材に近仕したということになる。

これにより、清晃の将軍就任の道は閉ざされたかにみえたが、同三年正月に義材を後見する父義視が死去したことによって情勢が変わった。政知と細川政元は再び清晃の擁立に動き始めたらしいのであるが、そこに政知が死去してしまったのである。長男茶々丸の年齢は不明だが、弟清晃は文明十二年生まれでこの時は十二歳であったから、茶々丸はそれよりも年長であったことは間違いない。ただし、元服を示す史料はみられていないから、元服直前頃にあたる十四、五歳くらいであったように思われる。政知の死後、まだ茶々丸より下の子が年少ということもあり、家政は後室円満院が差配したと推測され、そこで茶々丸の排除、潤童子の家督継承が図られたようである。

堀越公方足利家の内乱

そうした状況にあったなか、足利政知が死去したのであった。これをうけて茶々丸は、実力による家督継承を図って、七月一日に、継母円満院と弟潤童子を殺害し、自ら堀越公方足利家の家督を継ぐというクーデターを起こしたのである。盛時は五月まで在京が確認されたが、その後の八月十日には再び駿河に下向していることが確認されている(「北野社家日記」小二九二)。下向の経緯は、茶々丸のクーデターへの対応のためと推測されているが、時間経過からみれば妥当な推測といえる。茶々丸のクーデターをうけて、竜王丸と茶々丸との関係が悪化するようになり、駿河領国維持のため、竜王丸を補佐するために下向したと考えてよいであろう。またここでも、姉北川殿からの強い要請があったかもしれない。

この時点の堀越公方足利家は、文明十四年における幕府と古河公方足利成氏との和睦(「都鄙《とひ》和睦」)をうけて、鎌倉公方の地位は認められず、伊豆一国における御料所《ごりようしよ》支配を管轄する、将軍家御連枝《ごれんし》という立場になっていたとみなされている。とはいえ、伊豆一国を支配する大名のような存在であり、その勢力は駿河駿東郡にもおよんでいた可能性が高い。それまで竜王丸は政知と連携関係にあったが、茶々丸はそれと対抗する立場となったから、竜王丸と茶々丸との間で対立が生じるようになったことは確実と思われる。ただし、茶々丸の行動は、すべての堀越公方足利家の家臣の支持を得たわけではなかったらしく、旧政知派との間で抗争が展開されたらしい。

これについて「今川記（富麓記）」には、執事上杉政憲が茶々丸に諫言したものの容れられず、自害にいたったことが記されている。そこではその後、茶々丸が政知を襲撃して自害させたと記しているが、政知の死去は病死であったことが確かであるから、これは事実ではないが、上杉政憲自害はあり得ることとみられる。「異本小田原記」でも、茶々丸と政知の抗争を記していて、伊豆を二分した抗争が展開されたように記している。また「北条記」（『北条史料集』所収）では、茶々丸（「成就院殿」と記す）は、出頭人であった富山豊前守・秋山新蔵人という家臣を、讒言により成敗したために、家臣の抵抗があり、国内は争乱化したということを記している。

いずれも江戸時代成立の軍記物の記述でしかない。しかし、当時の確かな史料がみられないなかで考えるとすれば、茶々丸のクーデター後に、堀越公方足利家の家中は、茶々丸方と旧政知方との間で抗争が展開されたとみてよいと考えられる。また盛時は、かつて政知の奉公衆となっていて、政知から伊豆国で所領を与えられていたことからすると、おそらく盛時は政知方とみなされて、それらの所領は茶々丸方に没収されたように思われる。そうであればこのことは、盛時が主体的に堀越公方足利家の内乱に介入していく理由ともなろう。そして実際にもその二年後の明応二年（一四九三）、盛時は伊豆への侵攻を開始していくのである。

第三章　今川氏親・伊勢宗瑞の対外侵略開始

甲斐内乱への介入

足利茶々丸は、延徳三年（一四九一）七月に、自ら堀越公方足利家の家督を継いだ。その後は元服したとみなされるが、実名は現在にいたっても確認されていない。死後の法号を「成就院殿」といったことが伝えられるにすぎない。茶々丸はその後、伊豆国内において旧政知方との抗争を展開させたとみられる。さらにその動きは周囲の政治勢力にも影響を与えたととらえられている（家永遵嗣「甲斐・信濃における「戦国」状況の起点」）。

当時、関東では、山内上杉家と扇谷上杉家の抗争（長享の乱）が展開されていたが、ちょうど前年十二月に和睦が成立していた。かつて伊豆国は山内上杉家の守護国であったから、その家臣が多く存在しており、茶々丸は山内上杉家と連携したとみられている。伊豆に接していた相模西郡や駿河駿東郡北部の御厨《みくりや》地域（御殿場市周辺）は、扇谷上杉方の国衆の大森家の領国となっていた。そのため茶々丸は、それらと敵対関係になったとみられる。

翌明応元年（一四九二）六月から、駿河の隣国である甲斐国で、甲斐武田家当主の武田五郎信縄《のぶつな》と、その父で隠居の武田刑部大輔《ぎょうぶのたいふ》信昌、その次男で信縄弟の彦八郎信恵《のぶよし》との、父子兄弟の間で内乱が展開された。この戦乱について、甲斐国の記録「勝山記《かつやまき》」（『山梨県史資料編

6上』所収）は、「甲州乱国に成り始めて候也」と記しており、まさに甲斐における戦国争乱の開始となった。茶々丸はこの内乱にも関与していったらしく、そこでは信縄を支援した。同時に山内上杉家も信縄を支援したとみられている。駿東郡御厨地域に接する甲斐郡内《ぐんない》（都留郡）は、信昌・信恵父子に味方する国衆の小山田《おやまだ》家の領国となっていた。そのため茶々丸は、それらと敵対関係になったとみられる。

その一方、駿河に近い甲斐河内領を支配する国衆に穴山《あなやま》武田伊豆守信懸《のぶとお》がいた。信昌には従兄弟にあたるとともに、その姉妹は信昌の妻であった。その関係からか、信昌・信恵父子に味方した。そして穴山武田信懸は、信縄から河内領の境目まで攻め寄せられると、竜王丸に支援を要請したとみなされる。竜王丸はこれを容れたとみられ、九月九日に駿河勢が甲斐に進軍している（「王代記《おうだいき》」「塩山向嶽禅庵小年代記」前掲『山梨県史』所収）。これは穴山武田家を支援し、信縄方と対戦したものとみて間違いない。

ここに竜王丸は、初めて国外に軍勢を進軍させたのであった。もっとも竜王丸はこの時、

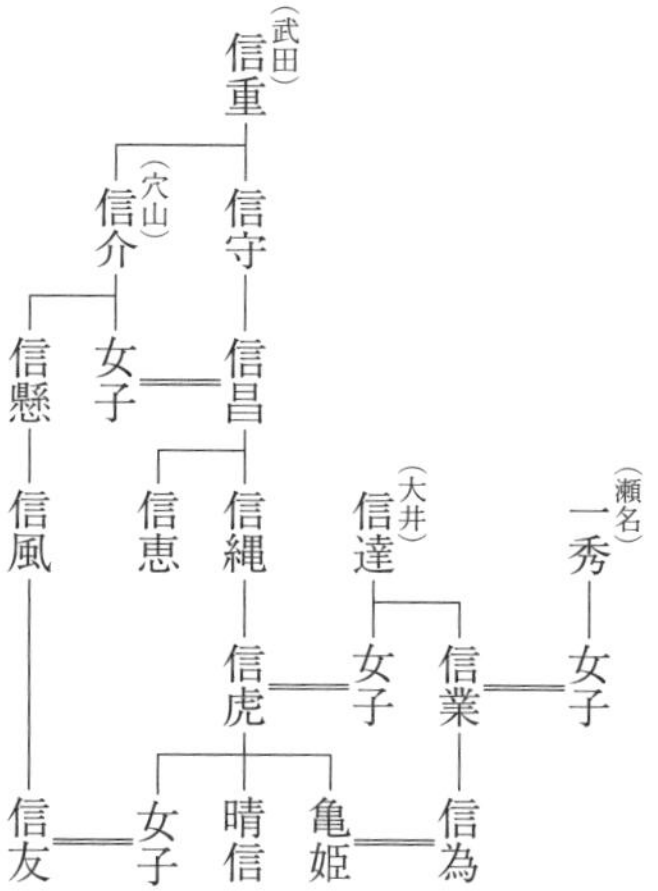

武田家関係系図

すでに二十歳になっていたものの、まだ元服は行われていなかった。そのため自ら戦陣に立つことはなかったとみなされ、軍勢は代理のものが率いたに違いない。具体的には不明だが、竜王丸の「後見役」であった盛時の可能性が高いように思われる。

また穴山武田家との関係について述べると、軍勢派遣を要請するということは、その従属下に位置することを意味したから、ここで同家は今川家に従属する関係になったとみなされる。その後も今川家は穴山武田家支援を続けていき、大永《だいえい》元年（一五二一）まで、穴山武田家から今川家に人質が出されていたことも確認されている。人質の提出は、この時代では服属の「証し」となっていたことからすると、穴山武田家はこの時から今川家に従属したことは確実とみなされる。ここに竜王丸は、国外の国衆を従属させて、その領国を国外に拡大していくようになったことがわかる。ちなみに竜王丸は、この後に氏親となってからも、死去するまで、甲斐武田家との抗争を続けていくことになる。

そしてまた、ここで甲斐に進軍しているということは、それは富士郡北部を経由してのものであったから、同地域の国衆の富士家は、すでに竜王丸に家臣化していたことを意味しよう。富士家は、室町時代は国人であるとともに幕府の在国奉公衆として存在していたが、ここに今川家に従う存在になったとみなされる。富士家の従属時期は判明していないが、それ以前のことであったのは確実であろう。そしてこのことは、竜王丸の領国が、河東地域のうち富士郡までおよぶようになっていたことを示している。

伊勢盛時の伊豆侵攻

その翌年の明応二年（一四九三）、伊勢盛時が大将となって、足利茶々丸と対戦するために伊豆に侵攻した（「勝山記」）。これについて「今川記（富麓記）」は、「伊勢新九郎と葛山を大将として千騎余」が派遣されたと記している。具体的な時期は明らかではないが、この年四月、京都では細川政元が将軍足利義材を廃し、清晃を新将軍に据えたクーデター（明応の政変）が起きていることから、それと連動するかたちで行われたものとみなされている。細川政元と伊勢盛時は、それまで足利政知と結んで清晃を将軍につける立場にあったから、二つの動きが連動していたとみられているのである。

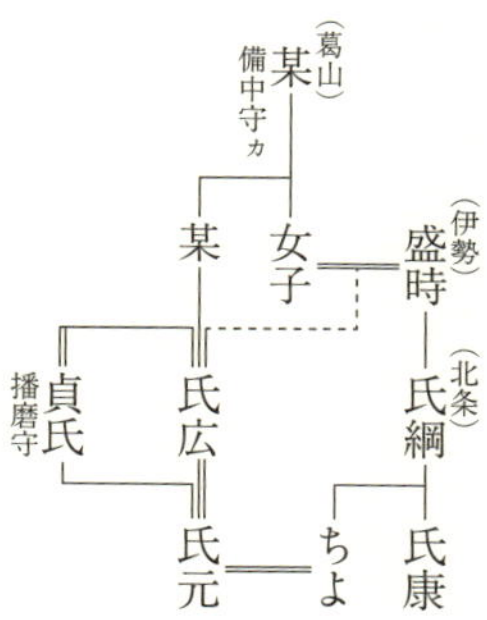

葛山氏広関係系図

ここで盛時が大将になっているのは、やはりまだ竜王丸が元服前だったからであろう。それとともに先に記したように、足利茶々丸からは伊豆における所領を没収されていたであろうから、盛時にとっては直接に権益回復のための行動でもあった。そして盛時と同時に派遣されているものとして、葛山家があった。同家は駿東郡南部の葛山郷（裾野市）を本拠とした国衆で、この時には南接する大岡庄（沼津市）までを領国化していたとみなされる。室町時代は、富士家と同じく国人であるとともに、幕府の在国奉公衆という立場にあった。それがここで盛時とともに伊豆に侵攻しているということは、この時には、今川家に従属する関係にあったことをうかがわせる。

それまで竜王丸の領国は、富士郡まであったとみられ、駿東郡にはおよんでいなかったと推測される。駿東郡北部の御厨地域は、扇谷上杉家に従属する国衆の大森家の領国であり、南部はこの葛山家の領国となっていたと推測される。さらに同地域には、堀越公方足利家の勢力もおよんでいたように思われる。そうすると盛時は、伊豆への侵攻に際して、葛山家を服属させるとともに、駿東郡南部の経略を遂げたうえで、それを行ったとみなされるものとなる。

ところで盛時が竜王丸から与えられたものとして、興国寺城が伝えられている。同城は、駿東郡南西部にあたる阿野《あの》庄（沼津市から富士市）のうちに位置し、同庄はまた富士郡下方と認識されることもあるような、まさに富士郡と駿東郡の境目に位置していた。それ以東への侵攻に際しては、ちょうど最前線にあたり、盛時が侵攻に際して拠点とした可能性はありうるとみられる。現在のところ、盛時が興国寺城に在城したことを示す確かな史料は確認されていない。逆に盛時の駿河在国時の本拠であったことが確認されるのは、山西地域の石脇城（焼津市）になる（戦北四一四五）。したがって駿河での本拠は、この石脇城で確定である。

興国寺城を与えられたということについては、「今川家譜」などは富士郡下方地域で所領を与えられたのと同時のことという記し方になっているが、それは同時のことではなく、この伊豆への侵攻に際してのこととすれば、内容に整合性をとることができるように思われる。それまで竜王丸は、駿東郡に何らの拠点もなかったとすれば、富士郡と駿東郡の境目にある同地に軍事拠点を構築して、それを前線拠点としたことは充分に想定できる。そしてそこから葛山家を味方にし、駿東郡南部を経略して、そのまま伊豆に侵攻したのかもしれない。

ちなみにその葛山家とは、盛時はその後に婚姻関係を結んでいる（「豆相記」『新編埼玉県史資料編8』所収）。そしてその間に生まれたと推定される三男の氏広が、後にその養子に入って家督を継承することになる。氏広の生年は不明だが、盛時と葛山家との婚姻がこの明応二年の伊豆侵攻後のことであるとすれば、およそそれから二、三年後の生まれと推測することができるかもしれない。

もう一つ、盛時のこの伊豆侵攻において重要なことは、侵攻するにあたって、扇谷上杉家と連携を成立させ、そのうえで侵攻していることである（「鎌倉大日記」小三〇〇）。対戦相手となる足利茶々丸は、山内上杉家と連携していたとみなされるから、その山内上杉家と対抗関係にあった扇谷上杉家と結んだととらえられる。また駿東郡北部と相模西郡は扇谷上杉家に従属する大森家の領国で、扇谷上杉家の勢力圏にあったから、実際に伊豆に侵攻するにあたって、背後に位置していたそれらの勢力との連携は必須のものであったに違いない。

しかしこれによって盛時は、山内上杉家と扇谷上杉家との抗争という、関東の戦乱にも関わることになっていく。そしてこの後における足利茶々丸との抗争は、このように甲斐と関東との戦乱と結びつきながら、展開していくのであった。

伊勢宗瑞の誕生

盛時は伊豆に侵攻したとはいえ、それですぐに足利茶々丸を打倒したわけではなかった。茶々丸の本拠である北条御所を、この時に経略することができたのかどうかもわかっていない。しかし、この伊豆への侵攻の開始により、盛時は京都に帰還することが難しい状況になったことは間違いないであろう。そしてそのことと関わってみられたのが、出家であった。盛時が仮名新九郎で確認されるのは、二度目の駿河下向を遂げた直後の延徳三年（一四九一）八月が最後になっている。その後、明応元年（一四九二）から同二年の成立とみられている「東山殿時代大名外様附」（小二九六）で、奉公衆として「同（伊勢）新九郎」があげられており、盛時のこととみられている。

　これによれば盛時は、二度目の駿河下向を行った後も、いまだ幕府の官僚の立場を継続していて、この時には奉公衆になっていたことがわかる。ただし実際にはこの時、駿河に在国していたから、在国の奉公衆という立場にあったといえるであろう。将軍への近仕が叶わない状況だったので、奉公衆に配属されたのかもしれない。しかし、これを本当に最後にして、盛時の幕府の直臣としての立場はみられなくなっていく。そして同四年二月からは、出家して「早雲庵宗瑞」と称していることが確認される（戦北一）。すなわち盛時は、明応二年から同四年の間に出家したことがわかる。この後は法名宗瑞の名で記していくことにしよう。

　ちなみに宗瑞は、在京していた時期に、京都の臨済宗寺院である建仁寺で学問を学び、その後は同じく臨済宗寺院の大徳寺に参禅して、同寺四〇世春浦宗凞《しゅんぽそうき》に師事したことが知られている（小三五〇）。同時期に同寺で学んでいた東渓宗牧《とうけいそうぼく》（同寺七二世）からは、禅の道に精進したと認識されていて、後に（永正五年（一五〇八））「天山」の号を与えられることにもなる。春浦宗凞は文明五年（一四七三）から大徳寺に再住しているので、宗瑞が参禅したのは、それから駿河に下向する長享元年（一四八七）までの間のことであったろうか。なお早雲庵の庵号は、自ら名乗ったものという（岩崎宗純「北条早雲と以天宗清」拙編『伊勢宗瑞』所収）。法名の宗瑞は、法師から授けられたものであろうが、明確に示す史料はないようである。

さて宗瑞はこの時、四十歳になっていた。この頃の武家世界の常識からすれば、そろそろ隠居してもいい年齢ともいえる。しかし、宗瑞の嫡子氏綱はまだ九歳にすぎなかったから、この出家は隠居を想定してのものではない。ではなぜ、この明応二年から同四年の間に出家したのであろうか。そこで想起されるのは、立場の転換にともなう出家、具体的には幕府直臣をやめて、駿河今川家の一員となる、ということといえよう。ここに宗瑞は、幕府直臣の立場を捨てて、甥の竜王丸を全面的に補佐すべく、今川家の一員の立場に転換することにし、その表明のため、出家したのではなかったか、とみなされる。おそらくこれにともなって、京都にいた妻小笠原氏や嫡子氏綱らを、駿河に引き取ったに違いない。

それだけでなく、弟の弥次郎盛興も宗瑞に従って駿河に下向してきたに違いない。弥次郎が下向してきた時期については明らかではない。ただ、宗瑞が二度目の駿河下向を行った延徳三年八月二十七日の時点では、まだ京都にあって将軍足利義材に従っていたことがうかがわれる。その時に足利義材は近江に出陣するが、それに従軍したもののなかに、「同（伊勢）弥次郎〈貞綱相続〉」とあり（『後法興院記』増補続史料大成本刊本）、これが宗瑞弟の弥次郎にあたるとみられている。「貞綱相続」とあるのは、一族の伊勢貞綱の家督を継いでいたことを示している。貞綱は、伊勢氏本宗家の庶流の一族で、貞親の祖父貞行の弟貞長の孫にあたる人物になる。弥次郎はその家督を、養子に入って継承していたらしい。そしてこの弥次郎は、明応五年には宗瑞のもとで活動していることが確認されるようになるから、京都から下ってきたのはその間ということになる。時期として最も相応しいのは、この宗瑞の立場の転換の頃といえるであろう。

またその明応四年四月には、宗瑞の京都時代からの家臣とみられ、宗瑞に従って駿河に移住してきていたものとして、大道寺・山中・荒木氏の存在が確認される（小二九〇）。彼らは山城国の出身でそこからの移住者とされているから、宗瑞の京都時代にその家臣となって、宗瑞の駿河下向にともなって移住してきて、この時点ですでに駿河に居住していた存在になる。そうした京都時代の家臣たちも、おそらくはこぞって駿河に移住してきたものと思われる。

ところで宗瑞は、なぜこの時に駿河在国の継続を選択したのであろうか。幕府では歴代将軍の申次衆を務め、この時には奉公衆になっていた。そのまま幕府直臣として過ごしていくという選択肢もあったはずであろう。これについては最近、所領支配が思わしくなくかなり窮乏していたとし、『太閤記』にみえる、所領三〇〇貫文を売却して関東に下向したという伝承をもとに、荏原郷での領主としての立場に見切りをつけて、新しい道を模索したとみるような見解が出されている（池上裕子『北条早雲』）。宗瑞の所領としては、現在、荏原郷しか確認されず、同所に菩提寺があるのでそれが本領であったことは間違いないが、所領がそれだけであったとは考えがたい。他の幕府直臣の場合をみれば、その他にも所領を有し、さらには幕府御領所の代官に任じられていたことは充分に想定される。必ずしも所領が少なく、そのため窮乏していたというのではなかったに違いない。

しかし、だからといって領主としての存立が確保されていたのかというと、それは別の話となる。享徳の乱や応仁の乱以降、戦乱の恒常化がみられるにつれ、在所していない所領の支配はできなくなりつつあるという状況がひろがっていた。現に駿河国でも、それまでは多くの在京領主の所領が存在していたが、変わらず支配を行い得ていたものは、とくに竜王丸が保証したもの以外は、基本的にはみられなくなっていた。おそらくは宗瑞自身も、そうした在京領主の所領を支配することで、駿河での存立を遂げていたであろうから、それらをそう簡単に元の領主に返還するなどということはできない状況にあったとみられる。

すでに戦乱の恒常化にともなって、各地では領国化の動向が進展していた。そうした領国を形成する広域的な領主を、戦国大名や国衆と称している。竜王丸も、駿河の大半を領国とする戦国大名となっていた。またその配下にあった葛山家や富士家などは、国衆として存在するようになっていた。彼らの身分は、まだ室町時代の身分秩序である「守護」や「国人」として表現されていたが、実態はもはやそれらとは全くの別物に変化していたのである。領国の維持は、周辺勢力との抗争のうえで遂げられたから、まさに実力によるものであった。それはもはや室町幕府を中心にした政治秩序とは異質の世界となっていた。だからこそ、竜王丸による駿河大半の領国化、さらには甲斐・伊豆への侵攻という事態が生じ得たのであった。

もはや宗瑞の存立を支えていたのは、荏原郷など従来からの所領などではなく、駿河国での所領となっていた。その一方では、従来からの所領の維持は、ますます戦国争乱の展開によってほとんど不可能な状態になりつつあったろう。宗瑞は京都にあってそこでの政争を潜《くぐ》り抜けながら、各地に散在していたであろうそれら所領の回復やその維持を図るよりも、駿河での存立を維持することにしたといえ、それこそが自然な流れとみることができよう。さらに竜王丸の存立の維持は、周辺諸国との抗争の展開を不可避にしていた。宗瑞は甥たる竜王丸の存立に人生を捧げ、そのもとで自らも存立することにしたものと思われる。あるいはそこには、それを強く求める姉北川殿の要請もあったかもしれない。

遠江侵攻の開始

伊豆侵攻の翌年の明応三年（一四九四）八月、宗瑞は今度は遠江に侵攻し、同国の「三郡」

に侵攻した（小三〇二）。「三郡」は具体的には明確ではないが、駿河寄りに位置した榛原郡・佐野郡・城東郡、あるいは榛原郡・佐野郡・山名郡にあたる可能性が高いと思われる。そしてその行動については、「平氏早雲は、軍兵数千を引率、当州（遠江）三郡に乱入、高城を推し落とす」と記されている。なお「早雲」というのが、当時の呼称を記したものとすれば、宗瑞の出家は前年からこの時までのことになる。

ここで宗瑞は、今川軍の惣大将として、その軍勢を率いていたことがわかる。これからすると前年の伊豆侵攻も同様であったろう。さらには、その前年における甲斐侵攻も同様であった可能性が高いとみられる。いまだ竜王丸は元服していなかったため、軍勢を指揮することはできないでいた。そのため叔父で「後見役」であった宗瑞が、惣大将を務めていたと考えられる。

この時の侵攻は、原田庄（掛川市）の領主の原遠江守頼景を攻撃したものとみられている。なぜここで原頼景攻撃にあたったかというと、原頼景を従える遠江国守護・斯波義寛《しばよしとお》（義敏の子、もと義良）が、足利茶々丸と連携していたらしいから、遠江の斯波家勢力が茶々丸への支援をはたらきかねない状況があって、それを阻止するためのものであったとみられている（大塚勲『戦国大名今川氏四代』）。宗瑞のこの時の侵攻は、原家に打撃を与えただけで帰陣したようなので、そもそもの目的がそこにあったのであろう。ただしこれを通じて、駿河寄りの榛原郡あたりまでの領国化を遂げた可能性は高い。

そしてこれが、竜王丸による遠江領国化のはじまりとなった。これ以後、竜王丸（氏親）は、永正十五年（一五一八）まで二十年以上にわたって、遠江への侵攻を続け、その領国化をすすめていくことになるが、これがその最初の行動であった。

宗瑞の伊豆進出

その翌月の明応三年（一四九四）九月下旬になると、伊勢宗瑞は次に関東に出陣している。これはこの年七月に、山内上杉家と扇谷上杉家の抗争が再開され、宗瑞は、扇谷上杉定正と連携していたため、定正から援軍としての出陣を要請され、それに応えたものであった。ただしその軍勢が、今川家のものであったのか、宗瑞の家臣だけからなる自身のものであったのかは明確ではない。しかしすでに宗瑞は、独自の家臣団を形成していたとみられるから、ここでは自己の家臣団を率いてのものであったとみておきたい。それはいわば、今川家としての行動ではなく、宗瑞自身としての行動ということになる。

宗瑞は、九月二十三日に、扇谷上杉方の大森家とともに、山内上杉方であった相模三浦郡の国衆・三《み》浦道寸《うらどうすん》を攻撃して、扇谷上杉方に服属させたと伝えられている。そのうえで同月

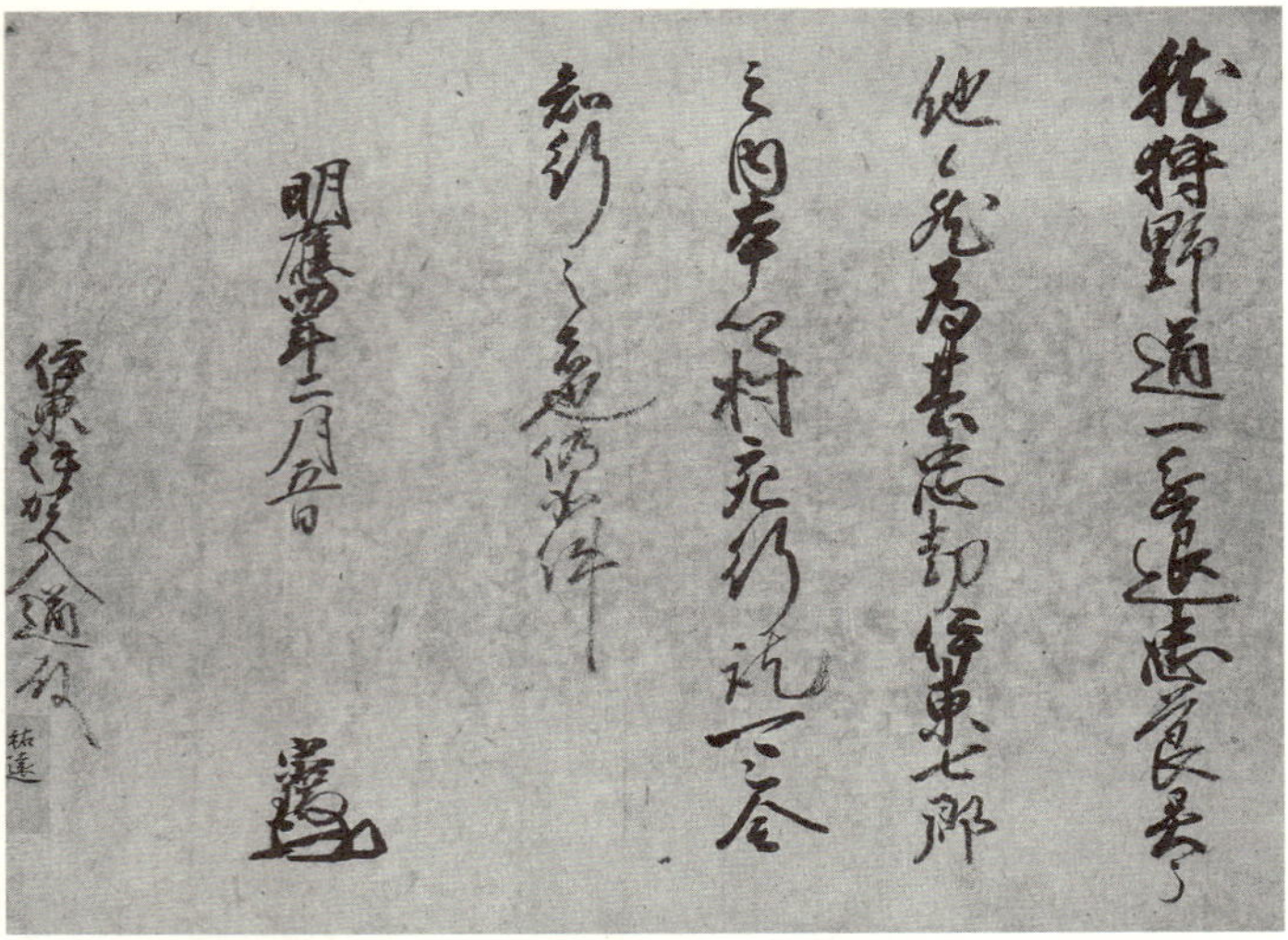

明応４年（1495）２月５日付け伊勢宗瑞判物（伊東家文書　東京大学史料編纂所蔵）

二十八日に武蔵久米《くめ》川《がわ》（東村山市）に着陣して、上杉定正と合流した。この時、初めて定正と対面となった。両軍は十月二日、三日に北上して高見原（小川町）に進軍、荒川を挟んで山内上杉顕定《あきさだ》と対陣した。そして三日、定正らは川を越えようとしたところ、定正は落馬して急死してしまった。そのため、扇谷上杉軍は本拠の河越《かわごえ》城（川越市）に帰還したが、宗瑞は入西《にっさい》郡高坂（東松山市）まで後退したものの、しばらく関東に在陣し続けるのである。

　これに対して山内上杉顕定は、古河公方足利政氏（成氏の子）の軍勢とともに、高倉山（入間市）まで出陣したらしい。両者は対陣したが、宗瑞はそこから足立郡を廻って、今度は崎西《きさい》郡南端に位置し、古河公方足利家の拠点となっていた岩付城《いわつき》（さいたま市）を攻撃する姿勢をみせたようである。それに対して足利政氏が、宿老の簗田成助《やなだしげすけ》を同城への援軍として派遣すると、宗瑞はそれへの攻撃を諦めて、ようやく十一月十四日に退陣した。そして翌十五日に、荏原郡馬込《まごめ》（大田区）で敗北したという。馬込は扇谷上杉家の勢力下にあったが、敗北したというからには、山内上杉方が進軍してきてここで攻撃をうけたのであろうか（拙著『扇谷上杉氏と太田道灌』）。

このように宗瑞は、扇谷上杉家への援軍として二ヶ月近くにわたって関東に在陣したのであった。扇谷上杉家と宗瑞との関係は、前者が上位に位置したから、扇谷上杉家からみれば、宗瑞は自身に服属するものの一人という認識であったに違いない。定正急死後も、宗瑞が扇谷上杉方として一ヶ月以上におよんで行動したのも、それにもとづいたものであろう。二年前から展開していた伊豆侵攻において、宗瑞は扇谷上杉家から支援を得ていたとみられるので、これはそれへの御礼という性格にあったとみなされる。

宗瑞は、翌明応四年二月には、東伊豆伊東郷（伊東市）の有力領主であった伊東伊賀入道を味方につけている（戦北一）。そこでは伊豆中央部の狩野庄（伊豆市）の有力領主狩野道一に対抗していることを忠節と評価し、本領の伊東本郷村を与えている。ここからこの時点までに、宗瑞は伊豆北部への進出を果たし、中部の狩野氏との抗争を展開するようになっていたことがうかがわれる。ちょうどこの年、「御所」すなわち足利茶々丸が、「島」すなわち伊豆大島に没落している（「勝山記」）。それはその後に続く記事の八月よりも以前のことであったとみなされるので、この伊東氏を服属させているのは、茶々丸の伊豆大島への没落をうけての可能性が高い。そうであれば宗瑞は、この年の二月には、茶々丸をついに北条御所から退去させたものと思われる。

宗瑞はこれをうけて、北条御所に近い韮山《にらやま》城（伊豆の国市）を取り立て、ここを本拠とするようになる。そのため以後は、「韮山殿」とか「豆州」と称されている。宗瑞の韮山城取り立ての時期については、正確なことはいまだ判明していない。現在のところでは、茶々丸の北条御所からの没落はこの時と推測されるので、それをうけてのこととみるのが妥当である。これにより宗瑞は、侵攻から二年近く経ってから、ようやく伊豆中央部への進出を果たし、北部の領国化を遂げたということになろう。

続いて八月、宗瑞は伊豆から駿河御厨を通り、籠坂《かごさか》峠を越えて甲斐郡内に侵攻している（「勝山記」）。ここで宗瑞の行動は、「伊豆より」と記されているので、韮山城を取り立てて以降は、同城を本拠にしたことが、ここからもうかがえる。ちなみに御厨地域は、すでにみたように扇谷上杉家に従属する国衆の大森家の領国であったから、ここで宗瑞が同地域を通行しているということは、それについて大森家から承認を得られていたことになる。それはまた、扇谷上杉家からの要請もあったに違いなく、両勢力の連携があって実現することができたものであった。

しかし、この時の甲斐への侵攻の理由は明らかとはいえない。ただし、伊豆大島に茶々丸が没落した後であることからすると、茶々丸に対するものであった可能性が高い。茶々丸はその後、山内上杉家と武田信縄の支援をうけて、武蔵から甲斐郡内に進出してくることになるが、あるいはすでにそのような情勢がみられていたのかもしれない。そのため茶々丸を支援する立場にあった武田信縄を攻撃しようとしたのかもしれない。しかしこの時、侵攻は進展せず、籠坂峠を越えただけで、すぐに武田信縄と和睦して帰陣するのであった。

第四章　今川氏親の成人と伊勢宗瑞の大名化

今川氏親の元服

このように明応元年（一四九二）以降、今川家は甲斐、伊豆、遠江と、相次いで周辺諸国への侵攻を開始するようになっていた。しかし、当主の竜王丸はまだ元服していなかったため、戦陣に出ることはできず、それらの軍事行動は「後見役」であった宗瑞が惣大将として、竜王丸の代わりに全軍の指揮にあたって行われていた。ただし宗瑞は、足利茶々丸を伊豆から没落させると、ますますその与同勢力との抗争に引きずり込まれるようになっていた。

そうしたなかついに、竜王丸が元服するのである。元服にともなって、仮名は駿河今川氏歴代のものである「五郎」を称し、実名は「氏親」を名乗った。ただし、その正確な時期はまだ確定されていない。現在のところ、元服前であることを示していた黒印の使用は、明応三年九月が最後になっている（戦今八九）。なおその文書は、署名をともなわず、袖（文書の書き出し部分）に黒印を押捺したものとなっている。こうした印判だけを据えて出されたものを、印判状と称しているが、氏親にとってはこれがその最初の事例になる。といっても元服後は、花押を据えることになるから、ここでの黒印使用も、あくまでも花押の代わりであったとみなされる。したがってこの時まで、元服前であったとみなしてよい。

対して実名氏親がみられるのは、翌同四年（一四九五）九月が最初である（戦今九五）。ちなみにそれ以前の長享三年（延徳元年、一四八九）正月、建穂寺に出したものに「氏親」の署名が記されているものの（戦今七二）、同史料は写であり、本来は黒印が据えられていた可能性が高いとみられている。また実名氏親の初見となっている明応四年九月のものに関しても、「義忠判形」という文言が不自然であるとする見解が出されていて、その場合には、確実な「氏親」の初見は、同年十二月のものとなる（戦今九六）。ただし九月のものについて、文言が不自然であるかどうかはまだ確実とはいえないと思われるので、ここでは一応、九月には元服を遂げていたとみておくことにする。

氏親はこのように、明応三年九月から翌同四年九月までの間に、ようやくに元服を遂げたとみなされる。すでに二十二、三歳になっていた。しかし、これは当時の慣習からすると、かなり異常といわざるをえない。通常は十五歳で元服を迎えるので、本来であれば長享元年（一四八七）に範満を討滅して、今川家当主となった時点こそが、それに相応しかったと思われる。ところがなぜかその時に元服は行われず、この時まで引き延ばされてしまっていたのであろう。これが氏親本人の判断によるとは考えがたいから、母の北川殿か「後見役」の宗瑞の意向によったとしか考えられない。しかし、その理由は不明としかいいようがない。

ちなみに、実名氏親について「今川記（富麓記）」では、堀越公方足利政知が「氏満」に改名していて、それから偏諱をうけたものと記載している。しかし、政知が「氏満」に改名したということについては他の史料では確認されないし、その死去は延徳三年（一四九一）のことであるから、時期も合わない。この所伝を尊重して、氏親は政知生前に元服していたが、事情があってそれを公表できないでいたとする折衷案も提示されているが（家永遵嗣「今川氏親の名乗りと足利政知」拙編『今川氏親』所収）、やはり明らかな事実をもとに考えていくのが妥当な方法といえる。

ところで、室町時代において駿河今川氏の通字は「範」であったが、氏親はその字を用いていない。この後、戦国今川家の通字は「氏」となる。このことからすると、氏親とその周辺は、あえて「範」字は用いずに、「氏」字を選択したことになる。この「氏」字の由来を探してみると、鎌倉時代における今川氏の通字が「氏」であった。それは、その当時の足利氏の通字でもあった。このことから「氏」字は、鎌倉時代にさかのぼり、その時の通字を採用したものと思われる。この点に関わって、室町時代に分出した今川氏一族が、範満にみられるように「範」字を通字としていたから、それよりも上位の家格にあることを示すためとみる見解が出されている（大石泰史『今川氏滅亡』）。すでに前代の義忠の時に、足利将軍家からその通字「義」の偏諱をうけて、それまでの今川氏よりも家格を向上させていたことを踏まえると、この見解は妥当といえるであろう。

そして、この元服にともなってみられた事態といえるのが、丸子館から駿府館への移住である。先に触れたように、「宇津山記」により、永正元年（一五〇四）の十年前、すなわち明応四年に、氏親はそれまでの丸子館を離れて、かつての府中であった駿府に移って新たな館を構築したのである。それがちょうど元服の時期にあたっていることからすると、この駿府館への入部は、まさにその元服をうけてのことであったと考えられる。

ではなぜこの時に、駿府館に入部したのであろうか。それまで十年近く、丸子に館を構え、同地はそれに相応しく発展もみせるようになってきたにもかかわらず、である。その理由も明らかにはならないが、少なくとも駿府が、駿河一国を領国とする駿河国主の本拠に最も相応しいという観念の存在はあったと思われる。かつての国府所在地であるとともに、室町時代にも守護今川氏の本拠が置かれていた。氏親が丸子を本拠としたのは、いまだ山東地域の領国化をすすめていた時期であった。その後も同所への居住を続けたのは、河東地域の領国化が遂げられていなかったことと関わっているかもしれない。そうこうしているうちに、丸子が一定の発展をみせるようになったため、移転する時機を逸してしまっていたということも考えられる。

しかし北川殿や宗瑞は、駿河国主に相応しく、氏親は駿府に館を構えるべきとの考えは持ち続けていたのかもしれない。そうしてその元服を機に、新たな駿河国主の正式な誕生という機会にあわせて、本拠を駿府館に構えることになった、という経緯が推測できるであろう。そしてその時期は、氏親がいよいよ自ら出陣していかなくてはならない状況になってきたこと、すなわち宗瑞が伊豆侵攻に関わる軍事行動を独自に展開しがちになっていたことをうけてであったかもしれない。

結局のところ、なぜ氏親の元服がこの時期になっているのか、そして同時に駿府館に移住することになったのか、についての明確な解答は、いまだ充分に用意することはできないのが実状である。これらの問題については今後、さらに検討が重ねられていき、納得のいく見解が出されてくることを期待しておきたい。

氏親の初陣と遠江出陣

明応五年（一四九六）七月から九月にかけて、氏親は自らが惣大将となって、遠江に進軍した。この時には佐野郡に侵攻したとみられている。そしてこれが氏親の初陣であったに違いない。もう二十四歳になっていた。いうまでもなくこれも、当時の慣習からするとかなり遅いものとなるが、元服をうけての初陣という流れ自体は、自然なものといえる。そしてこの時の出陣には、宗瑞は参加していなかったとみられるので、まさに氏親の惣大将としてのデビューであった。

宗瑞がこれに参加しなかったのは、ちょうどこの時、足利茶々丸・山内上杉顕定が、扇谷上杉朝良《ともよし》（定正の養子）に対して大規模な攻勢を展開してきていて、宗瑞は扇谷上杉家への支援にあたっていたからである。山内上杉家は、前年の冬から扇谷上杉家の領国である相模への侵攻を図っていて、この年の二月にはその軍勢が相模に侵攻してきていた。そして相模中郡《なかぐん》の拠点であった七沢《ななさわ》要害（厚木市）の攻略を図る、という状況にあった（拙稿「岩付衆「松野文書」の検討」）。

その後おそらく、山内上杉軍は同要害を攻略したとみられ、七月初めには相模西郡《にしぐん》に進軍してきた。西郡は、扇谷上杉家に従う国衆の大森式部少輔《おおもりしきぶのしょう》の領国で、大森家は小田原城（小田原市）を本拠にしていた。そこに扇谷上杉家と宗瑞から援軍が送られた。扇谷上杉家からは、一門の上杉朝昌《ともまさ》（定正の弟、朝良の実父）、親類で三浦郡の国衆・三浦道寸（義同、定正の兄高救の子）、家宰太田六郎右衛《え》門尉《もんのじょう》（道灌の後継者）、宿老上田氏の一族らであった。宗瑞からは弟弥次郎盛興であった。宗瑞自身の行動はみられないものの、韮山城にあってそれに備えていたと思われる。

しかし七月四日、小田原城主の大森式部少輔は山内上杉方に転じて小田原城を開城し、また山内上杉軍の攻撃によって、その他の扇谷上杉方は後退した。この時、弥次郎は「郎党はなはだしく共に打死」（「勝山記」）とまで記されていて、伊勢軍は弥次郎が戦死したとみられるほどの大敗北であった。ただし、弥次郎は翌年の生存が確認されるので、この時に戦死してはいない。山内上杉軍はその後、東郡に進軍して、同地域における扇谷上杉方の拠点の実田《さなだ》城（平塚市）を攻撃している。その後の相模の動向は確認されていないが、宗瑞がそれら山内上杉方の攻勢に対応していったことは間違いなかろう。

そして、山内上杉方の攻勢は相模に対してだけではなかった。同時に足利茶々丸が、武蔵から甲斐郡内を経由して駿河御厨に進出してきたのである（「勝山記」）。御厨は大森家の領国であったが、おそらくこの時に、茶々丸が経略したものと推測される。大森家が山内上杉方に転じたのも、それが理由であったかもしれない。こうして御厨地域は、茶々丸の勢力下に置かれたとみなされる。これにより宗瑞は、駿河御厨と相模西郡が敵方となったことで、伊豆北部の領国は、その南部の茶々丸方勢力との間に挟まれる恰好に陥ったのである。そのため翌明応六年には、一転して守勢にまわることになったらしく、伊豆北部の維持にかかりきりになっている。そこでは弟弥次郎盛興と家老大道寺《だいどうじ》発専《ほっせん》が中心になって対戦していたようである（戦北四五九九）。

ちなみに、弥次郎盛興の動向が当時の史料で確認できるのは、これが最後になる。弥次郎はこの伊豆侵攻のなかで負傷し、武将として活動できる状態にはなくなってしまったらしい。

そのため「常在寺」（静岡県松崎町）に入って出家して、「天岩庵宗祐」を称したという。そしてその後の大永二年（一五二二）七月十八日、五十九歳で死去したことが伝えられている（拙稿「伊勢宗瑞論」）。宗瑞にとって弥次郎は、唯一の弟であった。明応六年までは、まさに片腕として一方の軍勢の大将を務めることができた存在であった。それが負傷により、失われることになったのである。宗瑞にとって、軍事行動の展開において大きな痛手であったに違いない。しかし、生存していただけでも救いであったかもしれない。

その明応六年、氏親はといえば、七月から八月にかけて、再び遠江に侵攻している。ここでも宗瑞は参加せず、氏親が惣大将であったとみなされる。氏親はこの時、佐野郡に侵攻して、原田庄の原頼景の本拠原城（掛川市）を攻略し、原家を従属させている。また山名郡新《に》池郷《いけ》（袋井市）を家臣加々爪右京亮政泰《かがつめうきょうのすけまさやす》に与えているので（戦今一一〇）、この時には山名郡まで領国としたことがうかがわれる。具体的な状況は、史料が残されていないためよくわからないものの、続いて翌同七年十一月に、原氏一族で服属してきた孕石《はらみいし》行重に、山名郡貫《ぬき》名《な》郷（袋井市）を与えているので（戦今一一六）、山名郡まで領国化したことはほぼ確かであったとみなされる。こうして氏親は、同五年からの相次ぐ侵攻によって、およそ遠江半国《はんごく》の領国化を遂げたのであった。

足利茶々丸を討滅する伊勢宗瑞

その明応七年（一四九八）、伊勢宗瑞の伊豆侵攻もようやくに決着がつけられることになる。具体的な経緯は明らかではないものの、この年の八月に、「伊豆の御所《（足利茶々丸）》腹切り玉へり、伊勢早雲《（宗瑞）》御敵にて」と記されていて（「王代記」）、足利茶々丸が宗瑞の攻撃によって切腹したことが知られている。

ここに宗瑞は、ついに足利茶々丸を自害に追い込んだことがわかる。そしてこの後においては、伊豆における合戦などはみられなくなっているので、この茶々丸討滅をもって、堀越公方足利家を滅亡させ、伊豆一国の経略を遂げたとみなされる。ただし、茶々丸をどこで自害させたのか、肝心な事実がいまだに不明である。茶々丸は二年前の明応五年に駿河御厨へ進出していたこと、それがそれまでの茶々丸の動向を示す最後の事実になっていることからすると、素直に考えればその御厨でということになろう。その場合には、宗瑞は御厨に進軍して討滅したということになる。

ちなみに茶々丸自害の場所については、これまでにも、伊豆におけるものとか、あるいは甲斐においてとか、さまざまに推測されているが、どれも確証があるわけではない。伊豆におけるとするのは、江戸時代成立の軍記物などに、一様にそのように記されていること、茶々丸自害後もその家臣による抵抗がみられたことが記されていることによろう。甲斐におけるとするのは、それを記録する「王代記」が甲斐の年代記であるうえ、それまで茶々丸は甲斐武田信縄の支援を得ていたことからの推測である。この問題については、今後も引き続いて検討していく必要があるが、残されている史料から判断する限りでは、御厨とみるのがもっとも自然のように思われる。

その御厨地域について、この頃の動向は明確ではないが、ここまで茶々丸方として存在していたとすれば、この足利茶々丸滅亡の前後に、氏親・宗瑞方に帰属したものとみなされる。その際に注目されるのは、その後、同地域には垪和《はが》氏が国衆として存在していたとみられることである。しかしその垪和氏は、美作《みまさか》出身の幕府奉公衆であり、この地域に存在した一族ではなかった。

それらを整合的に理解するとすれば、以下のような経緯が想定されるであろう。すなわち、堀越公方足利政知の成立にともなって、幕府奉公衆垪和氏の一族が、その奉公衆として存在し、それが茶々丸の御厨経略後に、同地域の支配を担い、茶々丸滅亡後に自立して、同地域を独自に支配する国衆となって、今川氏親に従属した、というものである（拙稿「小田原北条家の相模経略」）。もしかしたら、宗瑞が御厨に侵攻した時に、垪和氏が茶々丸方から転じてきたため、茶々丸は滅亡するにいたり、埘和氏はその戦功によって御厨地域を領国として認められた、ということも想定される。

それはともかくとしても、この場合、埘和氏が服属したのは、あくまでも氏親であったとみなされる。御厨地域が駿河国内に位置したため、駿河国主の地位にあった氏親の支配下に置かれたと考えられる。いずれにしろこれによって、氏親は駿河御厨の領国化を遂げることになった。氏親は、ここにようやく駿河一国の領国化を果たしたのであった。

また、この茶々丸討滅に関わるとみなされているのが、八月二十五日に起きた明応七年地震である。これは静岡県南方沖を震源とするマグニチュード推定八・二〜八・四という大規模な地震で、房総半島から紀伊半島にいたる太平洋岸一帯に大津波が襲来したものであった。駿河湾周辺でも大きな被害が伝えられていて、「勝山記」には、「大海辺りは皆々打ち浪に引かれて、伊豆浦へ悉く死失す、小川悉く損失す」とあって、かつて氏親が隠棲していたと伝えられる山西の小川は、町場のすべてが跡形もなく流されて、完全に破壊されたと伝えられている。さらにその三日後の二十八日には、「大雨大風無限」と、台風の襲来が伝えられている。

これまで私は、宗瑞の茶々丸討滅は、どちらかというとこの地震後の混乱によるものとみていたが、すでに家永氏が注意しているように、地震により伊豆沿岸部には大津波が襲来したうえに、その直後に台風が襲来していて、そこでは軍事行動は行えなかったとみなされることから、それは地震前のこととみたほうが妥当と考えられる（家永「北条早雲研究の最前線」など）。また宗瑞は、茶々丸討滅にともなって、伊豆諸島支配も成立させるが、そこでは伊豆下田（下田市）の有力者で、同地に近い長津呂（南伊豆町）を拠点にしていたとみなされる「長戸路《ながとろ》（御簾《みす》）七郎左衛門尉《しちろうさえもんのじょう》真敷《さねしき》」を、八丈島代官に任命していて、それが同島に入部した時に、「新島ナカクラにて津波上り」と伝えられていることから（「八丈島年代記」『八丈実記』所収）、ここからも茶々丸討滅後に地震・津波があったとみなされるものとなる。

ちなみに伊豆諸島については、その直前の八月十三日まで、武蔵神奈川郷（横浜市）の有力住人の奥山宗麟の被官とみられる奥山忠督《ただよし》が代官を務めていた。神奈川郷は、享徳の乱の時期まで、山内上杉家の家宰長尾忠景の所領であったことから、家永氏はこの時まで伊豆諸島支配も山内上杉家が行っていて、その後に宗瑞の支配に転換したとみている。そうであれば宗瑞による足利茶々丸討滅は、十三日から二十五日までの間であったとみられるものとなる。

ただこの時点で、神奈川郷が山内上杉家の所領のままであったのかは明確にはならない。その後、同郷は扇谷上杉家の支配下に入っており、その転換は長享の乱のなかでのこととみられるが、時期は明確にはならない。もっともこれより四年前の明応三年に、それまで山内上杉方であった三浦郡の国衆・三浦道寸が扇谷方に転じており、また山内上杉方の相模東郡玉縄要害《たまなわようがい》（鎌倉市）が扇谷上杉方に攻略されるなど、相模東部の山内上杉方勢力が相次いで扇谷上杉家の勢力下に置かれるようになっている。この状況からすると、それに隣接していた神奈川郷も、その頃に扇谷上杉方の支配下に入るようになった可能性も想定される。神奈川郷が山内上杉方から扇谷上杉方に転じたのが、この明応七年の前後いずれにあたるのかは、それをめぐる理解に大きく影響するものとなるが、確定するためには今少し検討が必要かもしれない。

宗瑞による伊豆領国化

茶々丸討滅の状況について伝えるものは、当時の史料にはなく、江戸時代成立の軍記物にいくつかみられている。ここでよく利用されるのが「北条記」「北条五代記」（『北条史料集』所収）の記載であり、それら軍記物は宗瑞による茶々丸討滅を、伊豆に侵攻してすぐのこととしているが、実際には明応二年の伊豆侵攻開始から六年をかけてのことであった。そして「北条記」では、御所に攻め入り、茶々丸家臣の「関戸《せきど》播磨守」を討ち取ると、茶々丸も自害したとしている。「北条五代記」は少し異なって、茶々丸を討滅した後、二十日近く経ってから、南伊豆の深根城（下田市）を本拠にした「関戸播磨守吉信」が、従うことなく敵対したのでそれを討滅し、これによって伊豆一国の経略を遂げたように記している。

　このようにみると「北条五代記」の内容は、「北条記」よりもより脚色が加えられたもののように思われる。関戸播磨守の実名を吉信《よしのぶ》とすることや、それが深根城主であったとすることについては、「北条五代記」になってみられるものであることからすると、それを歴史事実とうけとめるには、慎重になる必要があるかもしれない。

　北条家関係の軍記物で最も史料価値が高いとみなされている「異本小田原記」では、それらと大きく内容が異なっている。これについてはこれまでほとんど注目されてこなかっただけに、その内容は重要である。そこではおよそ次のように記している。茶々丸は御所から願《がん》成就院《じょうじゅいん》（伊豆の国市）に入って自害すると、伊豆の武士はすべて宗瑞に従った。茶々丸家臣の「戸山」（富山に同じか）が宗瑞の陣所に夜襲をしたが、家臣「笠原」が救出した。やがて「狩野介」を攻撃するが、狩野介の舅《しゅうと》にあたる伊東氏が、弟の法華宗の円覚を援軍の大将として派遣してきた。宗瑞には竜王丸から「葛山備中守」を大将に援軍が派遣され、「岩本」らが駆け着けた。狩野介は敗北し、名越《なごえ》の国清寺《こくせいじ》（伊豆の国市）で自害した結果、伊豆の武士が参向してきた、というものになる。

　その内容は「北条記」「北条五代記」にみえるものとは大きく異なり、ここには関戸播磨守はみえない。代わりに狩野介の討滅が、茶々丸方の滅亡を決定づけるものとしてあげられている。この狩野介は、伊豆中部の狩野庄を本領とする領主で、柿木郷《かきぎ》（伊豆市）を本拠にしていたとみなされている。当時の史料で、明応四年の時点で宗瑞に対抗していたものとしてみえる狩野道一《どういち》が、それにあたるとみられる。この狩野氏との抗争は、少なくとも前年十二月まで続いていたことがうかがわれる（戦北四五九九）。

「狩野介」、すなわち狩野道一の滅亡が、茶々丸自害の前後いずれのことかは判断できないが、その滅亡が堀越公方足利家の滅亡に一致したであろうことは、充分に想定できる。茶々丸の滅亡は、関戸播磨守の滅亡にともなうのではなく、この狩野氏の滅亡にともなうものであったとみなされる。そしてそれをうけるように、その翌年の明応八年三月二十八日付けで、宗瑞は、柿木郷に近い修禅寺東陽院と韮山の北条寺に、存立を保証する文書を出している（戦北三〜五）。これらが宗瑞による伊豆に対する領国支配の展開を示す最初の史料ということになるから、宗瑞の伊豆領国化は、まさに狩野氏の討滅、それによる堀越公方足利家の滅亡によって遂げられたものであることが認識される。

ちなみに宗瑞は、狩野氏を滅ぼした後、その娘を別妻に迎えたらしく、その子が四男宗哲《そうてつ》と伝えられている（拙稿「伊勢宗瑞論」）。この後、狩野氏一族には、宗瑞の家臣になっているものがみられているので、一族を滅亡させたわけではなかったことがうかがわれる。宗瑞

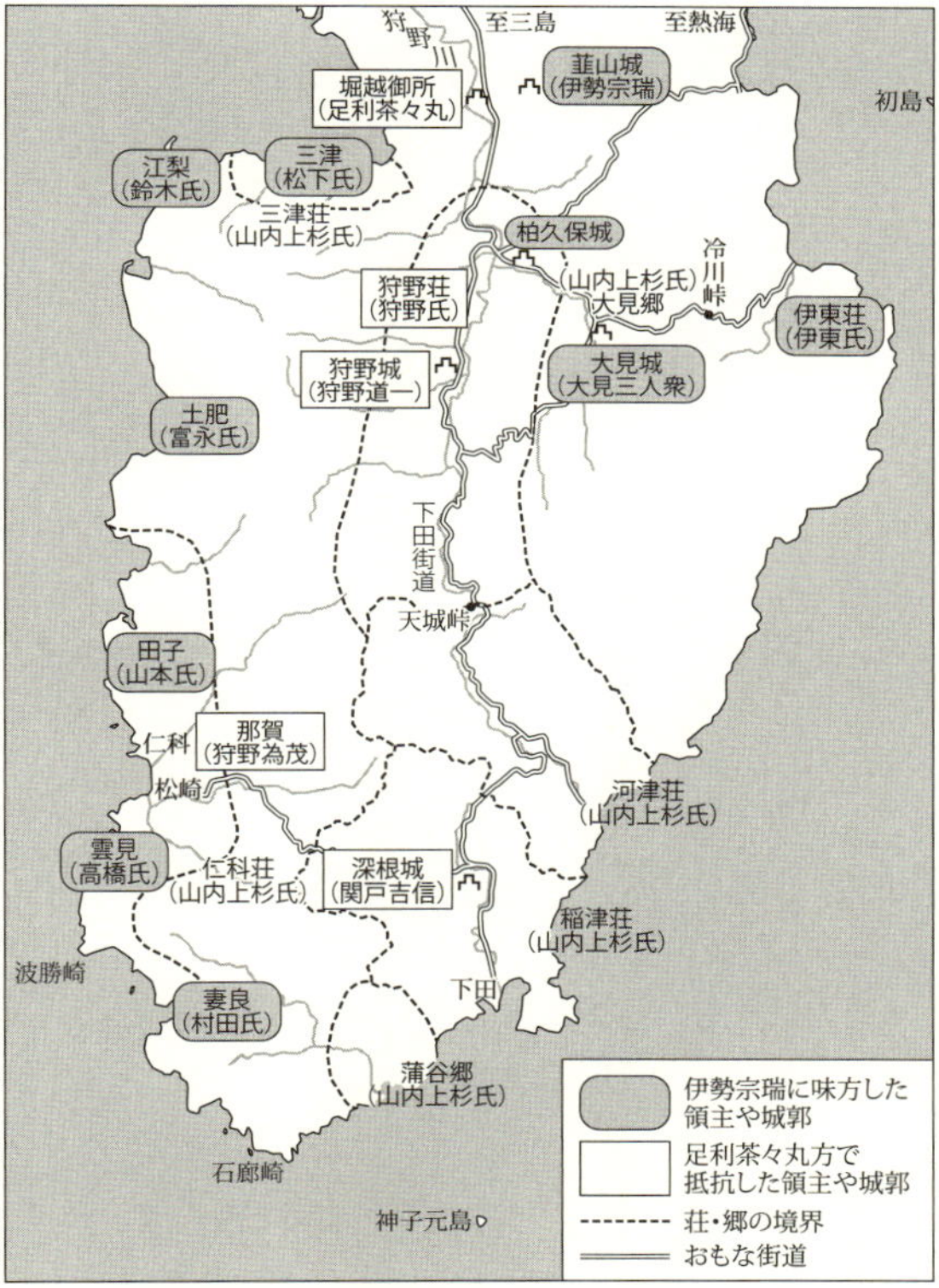

伊勢宗瑞の勢力拡大図（別冊太陽「戦国大名」所収図より転載）

は狩野氏一族の娘を妻に迎えることによって、残った狩野氏一族との融和を図ったものとみなされる。なお、宗哲は「北条五代記」によれば明応四年生まれとされているが、その後の動向から、むしろ永正年間（一五〇四～二一）初め頃の生まれではないかと推測したことがある（拙著『戦国大名北条氏の領国支配』）。狩野介の滅亡後に、その一族の娘を妻にし、その間に宗哲が生まれたとするならば、しかも宗哲よりも前にさらに一女があったことからすると、右の推測はおおむね妥当ということになろう。

こうして宗瑞は、明応二年の伊豆への侵攻から足かけ六年の歳月を要した末に、ついに堀越公方足利家を滅亡させることに成功したのであり、それにともなって伊豆一国の経略を遂げたのであった。そしてこの伊豆は、宗瑞の領国とされた。これは氏親の配慮によるものであろうし、その背後には母北川殿の配慮もあったかもしれない。伊豆経略は、氏親からの援軍があったにしても、基本的には宗瑞のほぼ独力によって遂げられたことが評価されたのであろう。

ここに宗瑞は、氏親の叔父としてその「後見役」にあった一方で、伊豆一国を領国とする戦国大名となったのであった。この後、宗瑞は周囲の政治勢力からも「豆州」と称されて、伊豆国主として扱われるのであった。このことからすると、その領有は、将軍足利義澄からも承認されたものであったとみなされる。そもそも伊豆侵攻そのものが、義澄の仇の追討という性格にあったから、それを遂げたことに対する功賞とみなされたものと推測されよう。

遠江領国化を表明する氏親

伊勢宗瑞は明応八年（一四九九）三月、今みたように、伊豆支配のための文書を出しているから、おそらくは前年の堀越公方足利家討滅後から、そのまま戦後処理とそれによる領国化のために、韮山城に在城していたものと思われる。それから二ヶ月弱後の五月十七日、京都から駿河に向けて下向していて、尾張国大野（愛知県常滑市）に着いていた公家飛鳥井雅《あすかいまさ》康《やす》のもとに、「伊豆の早雲庵」、すなわち宗瑞からの書状が届いている（「富士歴覧記」小三一二）。「伊豆」とはいえ、内容は飛鳥井雅康の駿河下向に関することであることから、これは宗瑞が駿府に滞在するなかで出されたものであろう。そうであれば宗瑞は、遅くても五月初めには駿府に赴いていたとみなされる。

飛鳥井雅康はこの時、今川家に対し、富士山を遊覧しようとし、そのついでに駿府の今川氏親の館（「駿州今川宿所」）を訪問しようと考えて、その旨を打診したのであった。それに対して宗瑞から返事が送られてきて、それが到着したのが五月十七日のことになる。そしてその返事の内容は、「国もっての外にそうげき（忩劇）の事侍り、来年に延引すべき」というものであった。すなわち領国はとても混乱しているので、下向は来年に延期されたい、というものであった。

ここに「国もっての外にそうげき」とあることから、この時期、今川家の領国は戦乱状況にあったことがわかる。氏親は前年にも遠江に侵攻しており、十一月に従属してきた孕石行重に安堵状を出しているから、その頃まで同国に在陣していたことがうかがわれる（戦今一一六）。そしてこの明応八年には、正月に国府八幡宮に羽鳥庄貴平郷（浜松市）を与えているので（戦今一一九）、そのまま在陣を続けていて、この時には天竜川近くまで勢力を伸ばして、国府の見付（磐田市）の手前まで迫っていた様子がうかがえる。

そうすると宗瑞の返事は、まだ氏親が帰陣する前に出されたもので、今川軍の軍事行動が展開されていたため、そのような内容になったのであろうか。この時、宗瑞は遠江には進軍しないで、伊豆から駿府に赴いていたとみなされるので、宗瑞はいわば駿府で留守を務めていたかたちになろう。そのため飛鳥井への返事を、宗瑞が出したのではないかと思われる。ちなみに飛鳥井雅康は、富士遊覧のため五月三日に京都を出立していて、六月下旬には駿河に入って富士参詣を果たしたものの、駿府館には立ち寄らずに、七月十一日に帰京するのである。

なお、その間の五月三日、氏親は譜代家臣の三浦平五に駿河大津郷（島田市）を与えているので、あるいはこの時には駿府に帰陣していた可能性も推測される。しかし、飛鳥井雅康が駿河に入るのはそれより後であり、その時に氏親が帰陣していたとすれば、当初の要望通りに駿府館を訪問してもおかしくはないので、それが行われていないということは、その時もまだ、氏親は遠江に在陣し続けていた可能性が高いように思われる。そしてその後では、九月七日、城東郡笠原庄（御前崎市）の高松社に、社領への諸公事免除の特権を与えているので（戦今一二六）、氏親の在陣はその頃まで続けられていたように思われる。またこれによって、氏親の遠江における領国は、城東郡にまで及んでいたことを確認できる。

さらにその翌年の明応九年五月三十日、氏親は譜代家臣の由比光規に「遠州一途」のため、窮乏によって破産しないようにし、とくに武装については充分な用意をするように命じている（戦今一二八）。このような内容のものを譜代家臣に出しているということはおそらく、明応五年以来の度重なる遠江侵攻の展開によって、駿河に本領を有した譜代家臣のなかには、軍事費用の負担に耐えかねて、窮乏化をみせるものが出るようになっていたことがうかがわれる。それに対して氏親は、「遠州一途」のため、すなわち遠江の領国化をすすめているのだからということで、充分な武装の用意を命じているのである。

ここに氏親が、明確に遠江の領国化を志向していたことがうかがわれるであろう。すでに氏親は、敵方である斯波方の拠点であった国府たる見付の近辺まで、その勢力を及ぼすようになっていた。見付を攻略すれば、斯波方への勝利が確定することになるから、その目標は目前に迫ってきている状況にあったといえるであろう。氏親はそのような家臣たちに対し、遠江の領国化を遂げるまでは辛抱するよう命じたとみられる。しかしこの年については、氏親の軍事行動が行われたのかは確認されない。さすがに家臣の窮乏化がはなはだしく、その回復のために、この年の軍事行動は控えざるをえなかったのかもしれない。

宗瑞の相模小田原城攻略

一方、伊勢宗瑞にとってこの明応九年（一五〇〇）は、一つの大きな画期の年となった。それはすなわち、山内上杉方であった相模西郡の国衆・大森家の本拠で、相模西郡の軍事拠点であった小田原城（小田原市）を攻略し、それにともなって相模西郡を領国化して、その領国を相模にも展開していく契機をなした、とみなされるからである。

宗瑞による小田原城攻略の時期を示す当時の明確な史料は、いまだ発見されていない。攻略時期についての所伝は、いずれも江戸時代成立の軍記物や記録にみられるにすぎない。これまでの通説では、明応四年九月とするのが多かったが、これは「鎌倉大日記」（小三〇四）にみえているものであり、これが他と比べて、比較的に史料的価値が高いとみなされてきたことによろう。しかし実はその他にも、明応三年、同四年二月、さらには同九年など、さまざまな説が存在しているのである。かつ史料的価値が高いとみなされていた「鎌倉大日記」の該当部分における記事も、後世における記事であることに変わりはないのである。

そしてそれを決定づけたのが、先に山内上杉家が扇谷上杉家の領国である相模に大攻勢をかけた時のものになる、明応五年に比定される七月二十四日付けの山内上杉顕定書状（小三〇八）であり、そこに扇谷上杉方の武将が列記されていて、西郡在陣の武将の筆頭に、大森式部少輔の名が記されていることであった。これによって、大森家がこの時点でいまだ扇谷上杉方であったことが確認されるのであった。しかも扇谷上杉家はこの時、一門衆《いちもんしゅう》の上杉朝昌らを援軍として派遣していたが、それよりも上位に大森式部少輔の名が記されていることから、援軍をうけた主体がその大森家であったとみなされ、したがってそれは大森家がいまだ小田原城主として存在していたことを示すと理解されるのである。

この史料が正確に解釈されたことによって、明応五年七月時点で、大森家が小田原城主として、かつ扇谷上杉方として存在していたことが確実ととらえられることになり、したがってそれ以前に、宗瑞が小田原城を攻略したとする所伝が、誤りであったことが確実となったのであった。ちなみにその後において、考古遺跡からの検討や、「鎌倉大日記」についての検討から、明応四年九月攻略説を維持しようとする見解が出されてはいるが、いずれも充分な論拠を備えているとは言い難く、かつ先の上杉顕定書状を否定するにはいたっていないといわざるをえない。

一方、宗瑞の小田原領有を示す確実な史料の初見は、文亀《ぶんき》元年（一五〇一）三月、伊豆走湯山《そうとうさん》（熱海市）に小田原城近辺の上千葉の所領の替え地を与えているものとなる（戦北七）。これは小田原城攻略にともない、同城近辺における知行関係を改変したことによるものととらえられる。したがってこれにより、宗瑞はそれ以前に小田原城を攻略していたととらえられるものとなる。また宗瑞が小田原城を攻略する前提には、大森家が山内上杉方に転じていたことになるが、その時期は山内上杉方から攻撃をうけた、その明応五年七月のこととみられる。よってその攻略時期については、史料の上からは、明応五年七月から文亀元年三月までの間とみなされるものとなる。

史料の上からは、現在にいたってもそれ以上は時期を絞ることはできないのであるが、宗瑞の動向を検討していくと、小田原城攻略が可能であったのは、早くても堀越公方足利家を滅亡させた以降のこととみなされる（拙稿「伊勢宗瑞論」）。これによってその攻略時期は、伊豆領国化にともなう支配が行われた明応八年三月から、文亀元年三月までの、ちょうど二年間まで絞ることができるものとなる。そして近時、注目されているのが、明応九年六月四日に相模湾地震が起きており、その後のこととみる見解である。これは地震災害の余波によって、宗瑞が敵方であった大森家を没落させたとする理解である。

宗瑞による小田原城攻略に関する具体的な史料がみられていないことも、明確な合戦などによるのではなかったことをうかがわせ、したがってこの地震災害に乗じたものとみる見解は、現在のところ最も妥当性が高いとみなすことができる（拙稿「小田原北条家の相模経略」）。そうであれば宗瑞の小田原城攻略は、明応九年六月から翌文亀元年三月の間という、十ヶ月ほどにまで狭められるものとなる。これ以上の絞り込みは、現時点では不可能であるが、ここまで時期を絞り込むことができるにいたった、といいうる。

小田原城の攻略は、同時にそれを拠点にしていた国衆・大森家の没落、その領国であった相模西郡の経略をも意味した。ここに宗瑞は、伊豆一国に加えて、相模西郡を新たに領国に加えることになったのである。そしてこのことが、以後における宗瑞の相模経略の起点に位置するものとなった。またこれは、伊豆侵攻以来続いていた、隣接地域にあった山内上杉方勢力の排除を遂げるものともなった。なおこの時、山内上杉家と扇谷上杉家の抗争は、前年十月に二度目の和睦が結ばれて、停戦状態になっていた。ところがここで扇谷上杉方であった宗瑞が、山内上杉方であった大森家を滅亡させたことにより、再び両上杉家の抗争を引き起こすことにもなっていった。

第五章　今川氏親の遠江領国化

斯波家と山内上杉家の連携

今川氏親は、明応三年（一四九四）から遠江の領国化をすすめるようになり、同五年からは自らが惣大将となって、毎年のように侵攻を繰り返していた。同八年には、およそ半国の領国化を遂げるようになっていた。その侵攻は、遠江国守護で元幕府管領家の尾張斯波義寛の勢力との対決によるものであった。そして氏親は、さらなる侵攻を意図していて、遠江全域の領国化を図っていた。

他方で伊勢宗瑞は、明応二年から堀越公方足利茶々丸方の伊豆に侵攻していた。足利茶々丸が関東管領の山内上杉顕定や甲斐国守護・武田信縄と連携していたため、宗瑞は山内上杉家と敵対関係にあった扇谷上杉定正と連携していた。そして同七年に足利茶々丸を滅亡させて伊豆の領国化を果たし、同九年には山内上杉方であった相模西郡の国衆・大森家を滅ぼして、同所をも領国に加えたのであった。このことは宗瑞が、山内上杉家と直接に敵対関係となったことを意味していた。

そうした情勢をうけてのことであろう、翌文亀元年（一五〇一）三月になって、斯波義寛は遠江において反攻を画するようになって、「遠州の儀」は「近年正体無い」状態にあるので、「遠州合力」のために弟の義雄《よしかつ》（又次郎・左衛門佐か）・寛元（弥三郎か）を遠江に派遣するとともに、信濃国守護の系統にあたる信濃府中小笠原貞朝《さだとも》（右馬頭）と松尾小笠原定基《さだもと》（左衛門佐）に連携を働きかけた。その背景には、斯波義寛による将軍足利義澄と細川政元への接近があったとみられている。そしてそれとともに、義寛は遠江における重臣であった狩野上野介《こうずけのすけ》寛親《とおちか》を、山内上杉顕定のもとに派遣するのである。なおこの狩野寛親の名字については、これまで「持野」と読んでいたが、大石泰史氏によって「狩野」であることが判明している（同著『今川氏滅亡』）。

文亀元年（1501）頃の勢力分布

この使者派遣は、「屋形（斯波義寛）より管領（山内上杉顕定）へ懇望の子細」を述べるため、すなわち斯波義寛から上杉顕定への要請を伝えるためであった。義寛からは書状が出されて、その内容は次のようなものであった。①遠江については、今川氏親が理由なく攻めてきていて、無念であったが、家臣の争いがあって放置していた。②尾張・三河両国が安定し信濃（小笠原家）も味方になったので、この秋に必ず遠江に入国するつもりである。③関東は（扇谷上杉家と）和睦がなっているから、伊豆についてはいうまでもなく、（斯波家への）支援（「合力」）のために駿河に対する軍事行動について検討してもらいたい。すなわち斯波義寛から上杉顕定への、今川氏親・伊勢宗瑞に対する共闘の申し入れであった。

狩野寛親は、春（正月から三月）から六月半ばまで、上杉顕定のもとに滞在し続けていた。それは顕定からの返事をなかなか得られなかったからであろう。そのためか、その間の五月七日には、義寛の嫡子義達《よしみち》が山内上杉家臣の土肥次郎に宛てて書状を出し、「遠江への支援のため、駿河に向けて進軍してもらいたい」ということをあらためて要請している。これをうけてであろうか、上杉顕定は六月十六日には、狩野寛親に対して、「然るべし」と、すなわち了解したと返事し、これをうけて斯波義寛からは、「西口火急に付いて、顕定の御意を得て、早々に罷り立つべし」と、遠江情勢が緊迫しているので、顕定の了解を得てすぐに帰還するように命じられ、遠江に帰国したのである（拙稿「伊勢宗瑞論」）。

こうして斯波家と山内上杉家は盟約関係となり、斯波家にはさらに信濃小笠原家も味方した。そして斯波家から山内上杉家に対しては、今川氏親・伊勢宗瑞の領国である駿河・伊豆への侵攻を要請しており、上杉顕定はそれを受け容れたのであった。さらに上杉顕定は、これまで甲斐武田信縄と連携していたから、氏親・宗瑞と斯波家の抗争は、関東山内上杉家・

甲斐武田家・信濃小笠原家をも巻き込んだ、かなり広域的な状況のなかで展開されることになったといえる。

今川氏親・伊勢宗瑞の反攻

斯波軍は遠江に進軍すると、二俣城《ふたまた》（浜松市）と社山城《やしろやま》（磐田市）を拠点に、天方城《あまがた》（森町）・黒山城（浜松市）などを味方にして、今川方の蔵王城《ざおう》（袋井市）や馬伏塚城《まむしづか》（袋井市）を攻撃した。こうした情勢に対して氏親・宗瑞は、反撃を展開することになるが、まず閏六月二日に、宗瑞が信濃諏訪郡の国衆・諏訪家に連携を働きかけて、武田家への挟撃を図っている（戦北八）。もっともこの時に甲斐には侵攻していないので、武田家と対立関係にあった諏訪家と結んでおくことで、武田家が駿河に進軍してくることを牽制しようとしたものであったとみられる。そしてそのうえで七月に、氏親は宗瑞らを率いて遠江に進軍するのである。

斯波方では、小笠原家から援軍として府中小笠原貞朝を得たが、貞朝自身は二俣城に在城し、その軍勢は今川方の蔵王城を攻撃した。また斯波義雄は社山城に在城した。この時の今川家の軍事行動では、宗瑞と並ぶ大将クラスの家老として、朝比奈備中守泰凞《やすひろ》と福島《くしま》左衛門

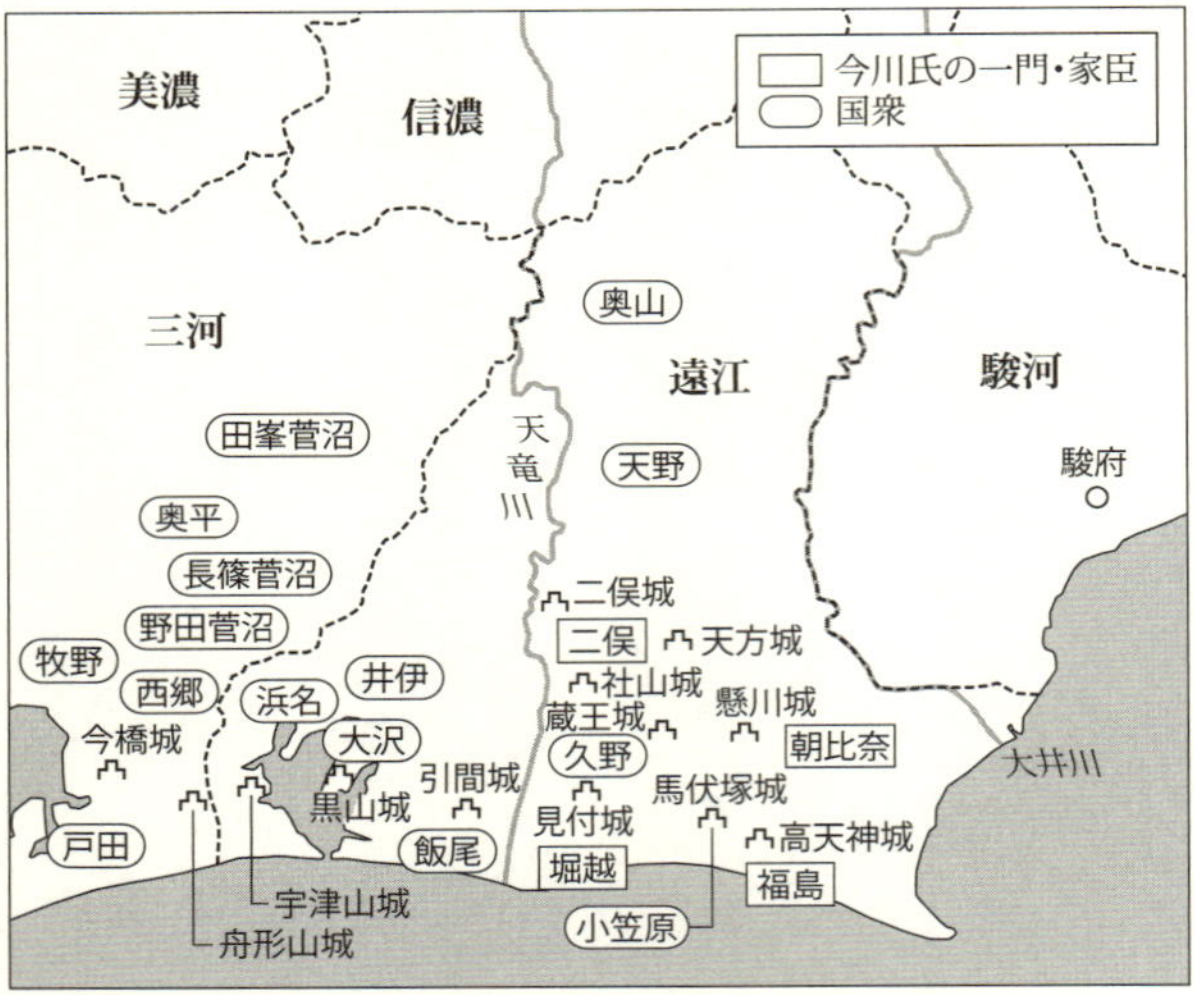

遠江・東三河の国衆（鈴木将典『国衆の戦国史』所収図に加筆）

尉助春《すけはる》の存在を確認することができる。朝比奈家と福島家はともに、氏親の父義忠の時代以来の家老であった。

朝比奈泰凞は、仮名を弥次郎といったとみられていて、明応五年（一四九六）六月にみえる「朝比奈弥次郎」は、泰凞にあたる可能性があり、早くから氏親の家臣であったとみなされる（戦今九八）。この時には備中守を名乗っている。泰凞はその後、遠江懸川城主（掛川市）としてみられるようになるが、同城への入部の時期は明らかになっていない。しかしこの時にはそうであったとみなされている。

福島助春は、この時には左衛門尉を称している。氏親の代になってからの福島氏としては、明応七年前後に、入江庄村松郷（静岡市）の地頭として福島修理亮《しゅりのすけ》が存在していた（「日海記」

静二五一)。修理亮はその後はみえず、代わって助春が代表的存在として登場してきているものとなる。福島助春はこの後において、遠江高天神城主《たかてんじん》（掛川市）としてみえるようになっている。これについても入部の時期は明らかにはなっていないが、同様にこの頃にはそうであったように思われる。

朝比奈泰凞と福島助春は、ともに氏親を支える有力な家老として存在していたとみなされ、同時にそれぞれ遠江における軍事拠点を管轄する存在でもあった。いわばこの時の氏親にとっては、それぞれ片腕ともいうべき存在であったものとみられる。

そしてこの時の軍事行動では、朝比奈泰凞は、斯波義雄（「左衛門佐」）が在城していた社山城を攻略し、義雄を二俣城に後退させている（『宗長日記』）。また福島助春は、高天神城近辺の武士を与力に従えて、蔵王城・馬伏塚城の防衛を果たし、天方城を攻略している（戦今二三二）。ともに拠点としていた懸川城・高天神城周辺での行動となっているから、両者とも、やはりこの時にはそれぞれを管轄していた可能性が高いとみてよいように思う。朝比奈泰凞が社山城を攻略したのは、八月十二日よりも後のことであったとみられる。というのはその日まで、斯波義雄が二俣城とは別の地に在城していたことが知られるからである。また福島助春が蔵王城の防衛を果したのは、九月二十六日の直前頃のことであったとみられる（戦今一四二）。

ところでその後の十一月八日付けで、伊勢宗瑞が遠江河西地域（天竜川の西側）の黒山城主・堀江氏の一族とみられる堀江三郎左衛門（為清）に宛てた判物写があり（戦北九）、そこでは三河国に侵攻した際の忠節が氏親に報告され、別紙に示した加増地を充行《あてが》うという氏親の意向を示す内容となっている。ただし、文言が当時としては違和感のあるものなので、当時のものとはみられないとする見解と、そうではあっても三河侵攻の事実は採用できるのではないかとする見解が出されている。文言に違和感があるため、この通りの文書が出されたとは考えられないとして、内容も信用できないとみるかどうかが問題になる。

『宗長日記《そうちょうにっき》』には、朝比奈泰凞が社山城を攻略し、斯波義雄を二俣城に後退させたことに続けて、信濃・三河の境目まで制圧したと記述し、それに続けて三河境目の浜名湖畔に位置する黒山城（堀江城）を攻略したことを記している。そこには、城主とみられるものとして堀江下野守《しもつけのかみ》をあげ、数年来存在していたところを、伊勢宗瑞と朝比奈泰凞が攻めて、すぐに攻略し、堀江下野守は没落したことを記している。この記載内容をもとにすると、堀江下野守と同三郎左衛門尉為清は同一人物なのかどうか、宗瑞らによる黒山城攻略の時期は、文亀元年十一月よりも前なのか後なのか、ということが問題になる。

堀江下野守の名は、他の史料にはみえないものの、三郎左衛門尉為清については、その年の十二月に、浜名金剛寺に所領寄進の文書を出しているから、同年末における健在が確認できる（戦今一四九）。しかしながらその後において、今川家の配下としての堀江氏の存在は確認されていない。このことからすると、為清がその後に下野守となり、今川家の攻撃で没落したとみるのが自然であると考えられる。その場合、宗瑞らによる黒山城攻略は、この年のことではなく、それより後のこととみなされるものとなる。

同城の攻略時期は明確になってはいないが、その攻略を示す史料はいくつか存在している。まず氏親から譜代家臣の由比光規に、同城攻略の戦功を賞する書状が出されており、その日付は七月三十日になっている（戦今一四〇）。次いで朝比奈泰凞の一族とみなされる朝比奈助次郎に、堀江城（黒山城）攻略の戦功を賞する感状《かんじょう》が出されていて、その日付は八月二十八日になっている（戦今一四二）。これらによれば、黒山城の攻略は、七月末のことであったことがわかる。同城攻略は、社山城の攻略後であることは確実であり、文亀元年では八月十二日まで斯波義雄が社山城に在城していたとみられるのであるから、それらの年代は必然的に、文亀元年よりも後にあたるものとなる。大塚勲氏は翌同二年と推測している（同著『今川氏と遠江・駿河の中世』）。しかし、確定にいたっているわけではない。これについては後に取り上げることにする。

ともあれここで考えるべきは、その堀江為清が、文亀元年十一月の時点で、氏親・宗瑞に従ったということが想定できるかどうかである。その想定が可能な場合には、宗瑞はこの時に三河に侵攻したことになる。これについての判断は難しく、それが全くありえないとはいえないかもしれない。しかし一方で、『宗長日記』の記載は、堀江氏が氏親に従っていなかったところを攻略したという内容であると理解される。氏親が事前に堀江氏を従えていたこと、また宗瑞がこの時に三河まで侵攻したことをうかがわせる他の史料はみられていないことから、現時点においては否定的にとらえるのが適切であろう。したがってここでは、文亀元年十一月に、氏親が堀江氏を従え、また宗瑞が三河にまで侵攻したというのは、存在しなかったこととみておく。

そのため文亀元年における氏親による遠江進軍は、九月頃までのこととみてよいであろう。その後では、十二月二十三日付けで遠江国府八幡宮（磐田市）に夫役賦課《ぶやくふか》停止を認めていることが知られるから（戦今一四八）、この時の進軍で、国府である見付を勢力下においたとみなされる。翌同二年二月二十五日付けでは、城東郡高松那智権現社（御前崎市）に棟別役《むなべちやく》を免除しているが（戦今一五〇）、これは同地域の安定を果たしたことにともなう戦後処理の一環と理解できると思われる。

宗瑞の甲斐侵攻

こうして今川氏親は、文亀元年（一五〇一）七月から九月にかけての軍事行動によって、遠江における斯波方の反攻を防ぐにとどまらず、逆に国府である見付の攻略をも果たし、とりあえず斯波方の勢力を二俣城（浜松市）以北と、いまだ経略できていない河西地域におしとどめたとみなされる。この軍事行動は、その年春における斯波義寛と山内上杉顕定、さらには甲斐武田信縄・信濃松尾小笠原定基らによる、今川氏親・伊勢宗瑞に対する共同戦線の成立に対抗したものであった。

斯波義寛は軍勢を遠江に進軍させたものの、山内上杉顕定は駿河・伊豆への進軍を行わなかった。逆に十一月二十六日に、扇谷上杉家の本拠・武蔵河越城（川越市）の攻略にあたっている。これによって明応八年から和睦が成立していた山内・扇谷両上杉家の抗争（長享の乱）は、三度《みたび》開始されるのである。山内上杉家は斯波家との盟約によって、駿河・伊豆への侵攻を図っていたことからすると、この両上杉家の抗争再開の背景には、宗瑞の働きかけがあったかもしれない。山内上杉家の駿河・伊豆への進軍は、扇谷上杉家との和睦状態が前提であったからである。もしかしたら宗瑞は、それを抑止するために、盟約関係にあった扇谷上杉家に働きかけ、抗争再開を誘発したのかもしれない。そして両上杉家の抗争はこの後、永正二年（一五〇五）三月の終結まで続いていくものとなる。

続く文亀二年については、先にも触れたように、大塚勲氏によって黒山城攻略にともなっての遠江河西地域の経略が指摘されている。それは『宗長日記』の記事によるものであるが、その年次については現在まで、明確に特定されるにはいたっていない。ただし前後の状況から、文亀元年はありえず、同二年以降であることは確実であり、大塚勲氏は文亀二年とする見解を示していた。しかし、それについても確定できるわけではない。その年次については、後に触れるように、それから二年後の永正元年（一五〇四）の可能性が高いとみなされる。そうすると黒山城について、数年にわたって堀江下野守が在城していたとする『宗長日記』の記述にも整合しよう。そのためこれについては、後に取り上げるものとする。

さて文亀二年の動向に戻ると、伊勢宗瑞は九月十八日に、伊豆から甲斐に侵攻している（「勝山記」）。ちなみに、同記事は「文亀元年」として記されているため、これまでも同年のこととみられることがあったが、同年記事の干支は文亀二年のものであるから、正しくは同二年にあたる内容であることが明らかになっている。この当時、新たな年号に改元された際に、その翌年を新年号の「元年」と認識する慣習が存在していて、それにあたるものと考えられている。

宗瑞は九月十八日に甲斐に侵攻すると、郡内の吉田《よしだ》城山《じょうやま》・小《お》倉山《ぐらやま》（富士吉田市）に在陣した。二十日には合戦があり、宗瑞はそこで戦功をあげた家臣の神田祐泉に二十二日に感状を与えている（戦北四六〇〇）。これに対して、武田信縄は国内勢力を動員して対抗したといい、そのため宗瑞は十月三日の夜に退陣するのであった（「勝山記」）。ここでの甲斐への侵攻は、前年閏六月に武田家挟撃のために信濃諏訪家と連携を成立させていたにもかかわらず、その時には実現されなかったこと、武田家は山内上杉家と連携していたことからすると、諏訪家との協約を実現するとともに、連携する扇谷上杉家への側面支援のためであったろうか。またこの時、相模から没落した大森式部大輔（明応五年〔一四九六〕の式部少輔の子か）が、武田信縄を頼って甲斐に在所していたとみられるので、それとの抗争の延長であったかもしれない。

いずれにしてもこの頃から、宗瑞にとって、山内上杉方であった大森家を没落させたことをうけて、山内上杉家と、それと連携しかつ大森家を庇護していた甲斐武田家との抗争が、次第に比重を高めつつあった様子がうかがわれる。

宗瑞の武蔵進軍

永正元年（一五〇四）正月、伊勢宗瑞はいよいよ山内上杉領国への侵攻を展開するようになる。武蔵多西《たさい》郡南部の国衆で椚田城《くぬぎだ》（八王子市）を本拠にする長井次郎広直が、宗瑞侵攻の情勢を山内上杉顕定に伝えるとともに、援軍の派遣を要請、上杉顕定はこれをうけて上野の有力家臣の小幡右衛門佐景高らを援軍として派遣することにしている（小三一〇）。

その後、宗瑞は椚田城攻略のために進軍し、これをうけて上杉顕定は三月晦日、多西郡北部の国衆で勝沼《かつぬま》城（青梅市）を本拠とする三田弾正《だんじょうのじょう》忠氏宗に、椚田城への支援を命じている（「戦国期山内上杉氏文書集」〈拙著『戦国期山内上杉氏の研究』所収〉四四号）。この時、顕定は扇谷上杉家と対陣していて、家宰の長尾修理亮顕忠《あきただ》（忠景の子）を椚田城への援軍として派遣したのだが、扇谷上杉方が進軍してきたために、これを帰陣させざるをえなくなり、そのために三田氏宗に援軍を要請したのであった。宗瑞の武蔵多西郡への侵攻は、両上杉家の対陣が行われているなかでのことからすると、扇谷上杉家から要請をうけ、その支援のためであったとみられる。宗瑞が同地域に進軍するには、扇谷上杉家領国の相模を通過しなければならなかったことからすると、その行動はまさに両者の連携によるものであったとみなされる。

注目されるのは、その一方において上杉顕定は四月までのうちに、長尾顕忠の軍勢を駿河御厨に進軍させていたことである（同前五四号）。これは顕定が、長尾顕忠の重臣矢野安芸守憲信に四月三日付けで出した書状から知られるもので、御厨から帰陣して間もないが、軍勢が不足しているのですぐに参陣するように命じているものになる。したがって矢野憲信が御厨に進軍していたのは、三月までのことであったと推測される。そうすると、ここでの駿河への進軍は、かつて斯波家と盟約したことの実現にあたるとみられる。

　この山内上杉軍の御厨侵攻にともなうものとみられるのが、梨木沢《なしのきざわ》（梨木平、小山町）での合戦であり、そこで葛山孫四郎が戦死している（「勝山記」）。ちなみにこの記事も「文亀三年」とあるが、干支は永正元年のものであるから、正しくは永正元年の記事となる。葛山孫四郎は、駿東郡南部の国衆・葛山氏の一族とみてよいであろう。御厨は垪和氏の領国とみなされるから、ここで葛山氏が参戦しているのは、それへの援軍としてであったとみられる。これまでであれば、御厨や郡内の軍事行動については宗瑞があたっていたのであるが、ここで宗瑞の参加がみられないのは、ちょうど武蔵に進軍していたためと思われる。そのため氏親は、駿東郡南部の葛山家に支援を命じたのであろう。

　なお、宗瑞による椚田城攻めが永正元年であると確定できているわけではない。しかし、両上杉家の抗争が再開された後の文

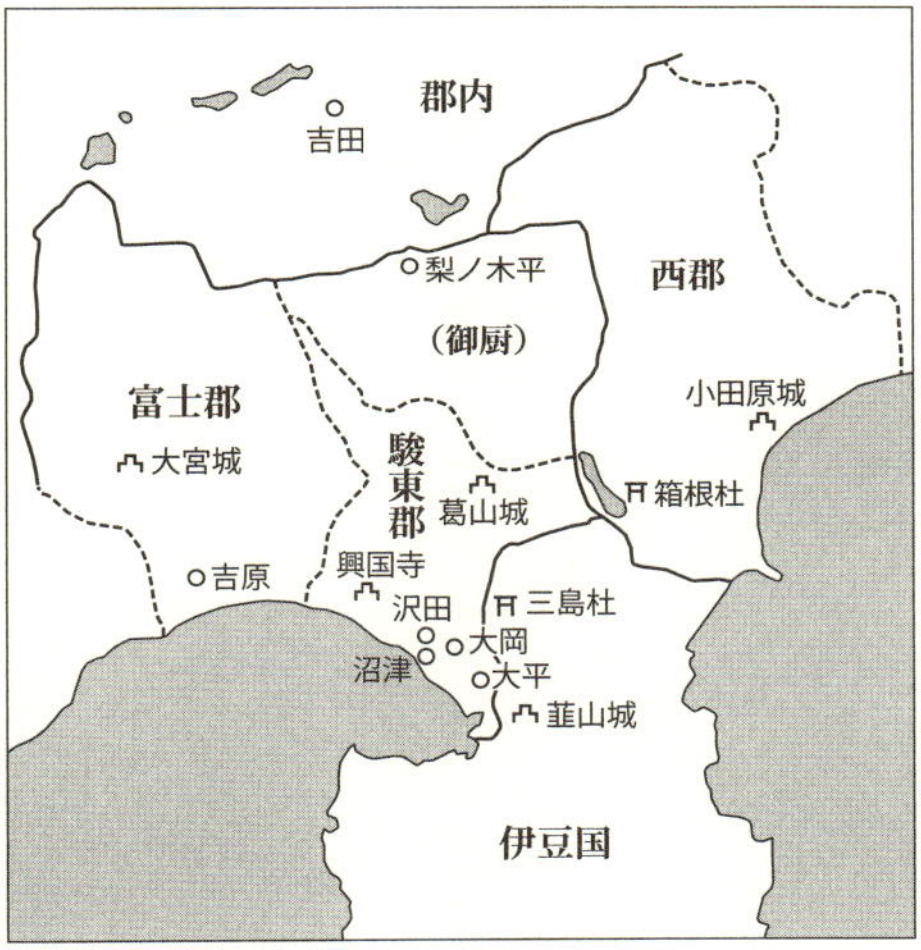

駿東郡と宗瑞の関係図

亀二年（一五〇二）から、上杉顕定が三田らに出している書状にみえている花押型によって、この永正元年までの間のことであることは確実である。そしてそのなかで、上杉顕定が四月三日に矢野憲信に軍勢不足からすぐの参陣を命じている情勢は、その直前にあたる三月晦日に、扇谷上杉方の進撃があったために、椚田城支援として派遣した長尾顕忠の軍勢を呼び戻している情勢に、非常に合致しているとみられる。そのため宗瑞の椚田城攻めは、それと同年のこととみるのが妥当と思われる。

そうであればこの時、宗瑞は正月から三月にかけて相模を通過して椚田城攻めを行い、その一方で山内上杉顕定は三月までに、武蔵から甲斐を通過して駿河御厨に軍勢を進軍させた、という状況であったことになる。文亀元年に結ばれた斯波義寛・山内上杉顕定・甲斐武田信縄の連携が、その後も継続されていて、ちょうどこの時に伊勢宗瑞と山内上杉顕定は、互いに敵方への侵攻を展開し合ったものとなる。宗瑞の椚田城攻めと、山内上杉軍の御厨進軍のいずれがきっかけであったのかはわからないが、この状況は、遠江における今川家と斯波家の抗争が、関東における両上杉家の抗争と、甲斐武田家をも巻き込んで、広域的に展開されるようになったことを示していよう。

ちなみに甲斐武田家に関しては、先にも述べたように、河内領の国衆の穴山武田伊豆守信懸は、氏親・宗瑞に従う関係にあった。この前後にも、前年の文亀三年の冬に、信懸は今川氏親から、氏親が所有していた「太平記」写本を借用するというように、親密な関係にあったことがわかっている。ちなみにこの時、信懸の側で書写したものの、落字などがあり誤りが多いものにとどまったらしい。そこで信懸は、「結盟」の関係、すなわち盟約関係にあった伊勢宗瑞が、良質の「太平記」写本を所有していることから、それを借用し、書写している。その書写はこの年の八月二日のことであった。

宗瑞が所有していたこの「太平記」写本というのは、極めて良質のものであったらしい。宗瑞の所有本は、宗瑞が多くの類本を借用し校合《きょうごう》して作成したものに、関東の大学と称された下野足利学校（足利市）の学僧にも校訂してもらったうえに、さらに宗瑞が再度（「重比」）上洛した際に、京都公家社会における学者にあたる壬生官務大外記《みぶかんむだいげき》に校訂などをしてもらったものであったという（戦今一五四）。宗瑞の上洛時というから、その最後は延徳三年（一四九一）のことになり、長享元年（一四八七）からの駿河下向時に足利学校の学僧に校訂を依頼し、その後の上洛した時に壬生家に校訂などを依頼したものであったと推測される。

これらのことは、宗瑞の修得していた文化教養が相当のレベルのものであったことをうかがわせる。それはいうまでもなく、京都時代に培ったものとみられるであろう。

遠江雄奈郷宛の判物の意味

ところで宗瑞は、それとほぼ同時にあたる永正元年（一五〇四）八月一日、遠江河西の雄《お》奈《な》郷（浜松市）に対し、領主である「領家殿」（大沢氏）への年貢納入を命じる判物を出している（戦北一〇）。そしてこれは、その二ヶ月前にあたる六月十一日に出された、氏親が「領家殿」（大沢氏）に、合意事項の実現として、領家方と雄奈郷を所領として与えることを認め、処置については宗瑞が行うことを伝えているものをうけてのものになる（戦今四〇八）。

宛名の大沢氏は、遠江村櫛庄（浜松市）の領家であったとみなされるが、それが今川方としてみえるのはこれが最初になる。このことから大沢氏は、その直前の頃に氏親に従う存在となり、それにあたって村櫛庄領家方と雄奈郷を所領として認められることを要求し、氏親はそれを認めるとともに、その執行を宗瑞に命じたという経緯がうかがわれる。

ただし、この宗瑞の判物については、注意しておきたいことが二点ある。一点は、同郷を大沢氏の所領として認めることを「守護代奉書の旨」に基づいていることである。守護代の奉書というのは、主人たる守護の意向を示すものとなる。しかしこれは氏親の命令を直接にうけたものであった。戦国大名の領国制の展開にともなって、当該国を領国としているもの

永正元年（1504）８月１日付け伊勢宗瑞判物（大沢文書　東京大学史料編纂所所蔵影写本）

が、たとえ幕府から守護職に補任されていなくても、「守護」と表現されるようになっていたから、ここでの「守護」を氏親にあてることは可能ではある。しかしそれならば「守護代奉書」ではなく守護からとすればすむことになる。

そこで問題になるのは「守護代」という文言である。宗瑞は「守護代奉書」に基づいてその内容を実行しているということになり、それでは遠江に関する氏親の意向を管轄する「守護代」が存在していて、そこから宗瑞に、その実行を命じられたということになる。しかしこれは考えがたい。宗瑞は氏親からそれについて直接に指示されていたことが明確だからである。しかも宗瑞は、氏親の叔父として、それを補佐する立場にあった。したがって、宗瑞自身が「守護代」にあたるならばともかく、そうではなくて、宗瑞が氏親からの直接の命令以外で、他者を介して氏親の命令をうけるということは想定できない。

ではこの文言は、どのように理解したらよいのであろうか。

宗瑞の他の発給文書をみても同様のものはみられないし、またこの時代の文書でも同様のものはみられないので、特異なものであることは間違いない。ある意味では、室町時代の守護を中心とした政治秩序から戦国大名による政治秩序への転換期だからこそのものともいえる。実態として考えられることは、大沢氏が雄奈郷を所領としていたことを、それ以前の「守護代奉書」を根拠に宗瑞に申請してきて、宗瑞はその通りに安堵したということであろう。

一点目の疑問解決が長くなってしまったが、もう一点は、氏親書状との日付のずれである。氏親書状が六月十一日付け、宗瑞判物は八月一日付けで、その間には一ヶ月半もの空白が生じている。氏親はこの時、駿府にあったとみてよいであろう。もし宗瑞が同じく駿府にあったり、また本拠の韮山城にいたとしても、書類上の処理であれば、それほど時間を費やすことなく出されたと思われる。そうすると考えられるのは、宗瑞はこの氏親書状をうけて、内容の妥当性を検証したうえで、判物を出したということになる。そこで想定されるのは、一つは大沢氏の要求内容をあらためて確認したというもの、もう一つは現地に赴いてその執行にあたったというものとなる。

他に関連史料がないために、これ以上の追究は難しいとはいえ、前者の可能性は低いように思う。氏親の命令が出されている以上、いかに「後見役」とはいえそれに従う立場にある宗瑞が、その内容をあらためて検証するとは考えられないからである。そうすると想定されるのは、宗瑞はこの時には現地周辺に在陣していたということになる。そして氏親の命令をもとに、その執行にあたったとみなされる。その場合、宗瑞は、少なくともこの時には、村櫛庄近辺において知行配分する役割を認められていたことになる。

そうだとしたらそのうえで問題となるのは、その役割が継続的なものであったのか、この時期だけの一時的なものであったのか、ということである。事態の経緯としては、六月十一日までに、おそらく宗瑞の取次によって大沢氏は氏親に従属し、それにともなって所領の安堵を申請、氏親はそれを認めて宗瑞にその執行を命じた、というものと理解できる。こうした事態が生じるのは、基本的には、進軍があって周辺地域の制圧をすすめている段階とみてよい。だとしたらこの時、宗瑞は遠江河西地域に侵攻していたことになる。それも六月から八月にかけてのことであったとみなされる。

その軍事行動は、まさに河西地域の領国化とみなされ、それに該当するのは『宗長日記』に記されている黒山城（堀江城、浜松市）攻略と、それにともなう浜松庄（浜松市）制圧にあたる。黒山城の攻略は七月末とみられるものであった。六月に大沢氏から従属の申し出があり、八月一日に宗瑞が大沢氏に所領を安堵していることは、時間経過としても整合的であるといえるであろう。

遠江河西地域の制圧

宗瑞による遠江河西地域の経略は、先にみたように、七月末には遠江河西地域に進んで、懸川城主の朝比奈泰凞とともに、黒山城を攻略したというものであった。『宗長日記』の書きぶりからすると、この時の軍事行動は、宗瑞と朝比奈泰凞のものしかみられていないことから、氏親の出陣はなかったとみなされている。それは先にみた、大沢氏宛ての文書からも充分にうかがうことができる。あらためてこの軍事行動は、氏親は出陣しておらず、宗瑞と遠江在国の朝比奈泰凞を中心に行われたものであったとみられる。宗瑞はおそらく、氏親の代理となる「名代」の立場にあったととらえられる。

さらにこの黒山城攻略にともなって、足利氏御一家で在京の吉良家の所領であった浜松庄（浜松市）も、氏親の支配下に入ることになった。吉良家は今川氏にとっては惣領筋の家系にあたり、幕府のなかでも足利氏御一家の筆頭として、極めて高い家格を認められていた。本領は三河吉良庄（西尾市）であったが、当主は基本的には在京していて、この時期もそうであった。浜松庄はその所領の一つにあたり、同庄には奉行として吉良家臣の大河内備中守貞綱が存在していた。大河内貞綱は斯波方の立場をとっていたとみられ、黒山城落城にともなって、同城主の堀江下野守（為清か）とともに、三河に没落した。これにともなって吉良家は、飯尾《いいお》善四郎《ぜんしろう》賢連《かたつら》を新たな同庄奉行に据えたことを記している（『宗長日記』）。

この飯尾賢連の父長連《ながつら》（善左衛門尉）は、かつて氏親の父義忠が遠江に侵攻した際に、同庄の奉行として存在し、義忠にはさまざまに協力していたとともに、それだけではなく義忠戦死の際にも同行していて、同時に戦死したという経歴があった。飯尾氏は、吉良家臣のなかでも今川家と密接な関わりを持っていた一族といえ、それが浜松庄奉行に復帰したということは、その主人たる吉良家が、氏親に対して連携を図るようになったことをうかがわせる。ただし、この飯尾賢連の奉行就任と、それにともなう吉良家と氏親との連携が、この時のことであったとまでは確定できない。後にみるようにそれは、氏親が三河に侵攻する永正三年のこととみなされる。

ともあれ氏親は、こうした黒山城攻略、浜松庄の制圧によって、まさに二俣城以北に残存する斯波方勢力を除いて、遠江の大半の制圧を遂げるにいたったといえる。なお、残る二俣城については、その後に攻略したことは間違いないものの、時期については明確にはならない。確認されるのは、それからしばらく後になる永正七年（一五一〇）に、氏親が今川方の拠点として取り立てているということで、その間に同城を斯波方から攻略していたことがわかるにすぎない。その間、氏親は永正二年には三河国衆を従えるようになっていて、同三年から三河に侵攻していくこと、その間に遠江における軍事行動は確認されていないことからすると、あるいはこの永正元年には、斯波方勢力は遠江から完全に没落したということも想定される。先の『宗長日記』には、信濃・三河の境目まで制圧したうえで黒山城攻略があったと記していたから、むしろ二俣城の攻略は、河西地域制圧に先立つものであった可能性も高い。いまだ時期は明確にはなっていないものの、その二俣城の攻略と続く黒山城の攻略により、氏親は遠江一国の制圧を、とりあえずは果たすことになるのであった。

氏親・宗瑞の武蔵出陣

永正元年正月から三月にかけての伊勢宗瑞の椚田城攻めは、山内上杉顕定の対応によって実現をみることはなかった。それを凌いだかたちになる顕定は、一転して八月二十一日から、扇谷上杉家への攻撃を本格化させていった。同日、本陣にしていた上戸陣《うわど》（川越市）から出陣し、扇谷上杉家の本拠河越城を攻めるために、仙波《せんば》に在陣するのである。九月初めになると、今度は扇谷上杉家のもう一つの重要拠点であった江戸城（千代田区）を攻めようとして、白子《しらこ》（和光市）に陣を移した。扇谷上杉朝良はこれをうけて、今川氏親・伊勢宗瑞に援軍を依頼したとみられ、氏親・宗瑞はこれを容れて出陣するのであった。宗瑞は遠江の在陣から帰還したばかりであったとみられ、矢継ぎ早の出陣だったことであろう。

氏親が扇谷上杉家への援軍をはたらいて、武蔵まで進軍するというのは、これが最初で最後のものになる。その意味でこれは、氏親にとっては、唯一の関東までの出陣であった。それまでにも扇谷上杉家への援軍派遣は、明応三年・同五年にもあったが、実際に進軍したのは伊勢宗瑞とその軍勢であり、いずれも宗瑞の判断によるものであったろう。それが今回だけは、氏親が自ら出陣し、今川軍を動員してのものとなった。氏親が出陣するということは、扇谷上杉家への援軍の主体は、宗瑞ではなく、氏親におかれるものとなる。ではなぜここで氏親は出陣することにしたのかと考えれば、それはこの年の三月頃に山内上杉家から御厨に進軍をうけたことが思い当たる。領国である御厨に侵攻をうけたことに対しての報復、とみなされる。戦国大名はそのように、領国への侵攻をうけたら、それへの反撃を行うというのが基本的な考え方となっていた。ここでの氏親の行動は、まさにそれにあたるものであったといえる。

氏親は九月十一日に駿府を出陣し、同十三日には朝比奈泰凞・福島助春らの駿河・遠江の軍勢が出陣した。そのうち朝比奈泰凞は、それまで宗瑞とともに遠江に在陣していたから、これも慌ただしく出陣したに違いない。伊勢宗瑞は、それらとは別に韮山城を出陣して、六日には相模江島《えのしま》（藤沢市）に禁制を与え（戦北一二）、十五日には武蔵府中（府中市）に向かう途中となる益形山（川崎市）に着陣した。そして氏親とその軍勢は、二十日から二十二日にかけて、宗瑞が在陣する益形山に着陣して合流した。この間、通過してきた相模鎌倉の鶴岡八幡宮（鎌倉市）に禁制を与えている（戦今一五七）。

こうした情勢をうけて、山内上杉顕定は、それらへの対応のために、白子陣から離れて、府中に陣を移したと思われる。さらに古河公方足利政氏に出陣を要請した。これをうけて扇谷上杉朝良も、本拠の河越城を出陣し、多摩川南岸に進んできて、今川・伊勢軍に合流、そして府中に向けて進軍したとみられる。両軍は二十五日には、多摩川を挟んで立河原《たちがわはら》（立川市）で対陣となったようである。古河公方足利政氏の軍勢は、この時はまだ合流していなかったが、すでに出陣していたようである。またこの時、上杉顕定は、武田信縄に庇護されていた大森式部大輔に出陣を要請するとともに、その時には武田信縄に了解を得ておくように求めている（戦今一五六）。顕定も、古河公方足利政氏・武田信縄・大森式部大輔と、関東近辺での味方勢力をできるだけ動員して対抗したのであった。

そして両軍は二十七日、合戦となった。合戦は扇谷上杉・今川・伊勢方の大勝利となり、二〇〇〇人を討ち取ったという。敗北した山内上杉顕定は、本拠の武蔵鉢形城《はちがた》（寄居町）に後退した。

氏親・宗瑞も、これをうけて帰陣し、十月四日に鎌倉に到着している。氏親は同地に一、二日滞在して、その後は伊豆熱海（熱海市）に湯治で「一七日」（十七日であろう）も滞在している。そして宗瑞の本拠の韮山城に入って、そこでもまた二、三日滞在している。これらによって遠征の陣労を心身ともに癒すことができたに違いない。ようやくに帰国の途について、二十五日に三島社《みしましゃ》（三島市）に参詣して祈願するとともに、三日かけて同行する宗長と連歌を詠んでいる（『宗長日記』「新三島千句」静三七三）。駿府に帰還した日にちは不明だが、それから数日のことであったろう。

こうして氏親の、最初で最後となる関東への出陣は終わった。合戦そのものはわずか一日で決着がつくというあっけないものであり、そのため氏親は、すぐに帰陣することができたということになる。帰国の途中では、鎌倉、熱海、韮山、三島でゆるりと過ごしており、氏親にとっては初めての他国での遊覧といったものとなったに違いない。

なお、両上杉家の抗争に関しては、その後に山内上杉顕定は、越後国守護であった実弟の上杉房能《ふさよし》に援軍を要請し、越後上杉軍が十一月初めに関東に進軍してきて、それから扇谷上杉領国を席捲し、相模の重要拠点などを相次いで攻略していった。そのため扇谷上杉家は、山内上杉軍と越後上杉軍の両方を相手にすることで苦戦を強いられるかたちになり、そして翌同二年三月、扇谷上杉朝良が越後上杉軍を迎え撃つため、武蔵中野陣（中野区）に在陣しているなか、山内上杉顕定によって本拠の河越城を攻略されてしまうのであった。そしてこれをうけて、上杉朝良はついに上杉顕定に降伏し、二十年近くにわたって展開されてきた長享の乱は、ようやくに終結するのであった。

この時、扇谷上杉朝良は再び今川氏親・伊勢宗瑞に援軍を要請しなかったのであろうか。その際に注目されるのが「勝山記」の記事である。同史料には「文亀四年」として永正元年の記事があるが、それとは別にもう一つ、「永正元年」の記事がみられている。そのなかには越後上杉軍の進軍がみえているから、内容は同年のものとみて差し支えない。そしてその両上杉家の抗争の記事に続くかたちで、「駿河平に伊豆の国勢向かいて伊豆勢負ける也」という記事がみられている。これをそのままにうけとれば、十一月・十二月頃に、宗瑞の軍勢が御厨（「駿河平」）に進軍したものの、敗北したというものとなる。

しかし、ここでいくつか問題が出てくる。宗瑞がこの時に御厨を攻めたということは、この時には同地域は敵方であったことになる。そうであれば、この年三月までにおける山内上杉軍による侵攻にともなうものであったと推測される。そしてここで敗北したということは、御厨地域はその後も敵方として続いたということになる。しかしそのような状況は、現在のところ確認されていない。氏親にしても宗瑞にしても、御厨が敵方のままであったとしたら、それを放置するとは考えられず、早い段階で奪回を図るに違いないと思われるが、永正元年直後にそのような動向はうかがわれないのである。

そうであるとするならば、この記事は同じ永正元年としては別の記載となってはいるが、実際には、三月までにおける山内上杉軍の御厨侵攻についてのものである可能性が想定される。その場合、葛山孫四郎の戦死の記事と、実は同じ事態を指しているものとなる。そしてそうであったとしたら、その際には宗瑞も、自身は参加していなくてもその軍勢を派遣していたことがうかがわれ、御厨への援軍は、伊勢軍・葛山軍によるものであった可能性が想定されることになろう。ここではそのように理解しておくことにしたい。

そうすると扇谷上杉朝良は、越後上杉軍の侵攻、それによる山内・越後両上杉軍との抗争にあたって、氏親・宗瑞には援軍を要請しなかったことになろうか。あるいは援軍の要請はあったものの、氏親と宗瑞は、すでに一度援軍に出ていることから、それをもって断ったのであろうか。この年の軍事行動は、かなり大規模であったことをみると、もう一度の遠征はできなかったのかもしれない。

第六章　今川氏親の三河侵攻の開始

三河との関係の始まり

永正二年（一五〇五）については、氏親・宗瑞ともに軍事行動は確認されていないし、周囲の情勢をみても、その形跡もうかがわれない。ただし政治的な動きについては、いくつかのことがみられている。最も早くにみられているのが、二月五日に氏親が、三河作手《つくで》領（設楽町）の国衆・奥平《おくだいら》八郎左衛門入道（実名定昌《さだまさ》）に、遠江河西地域で所領を与えていることである（戦今一六〇）。しかもその所領としては、浜松庄や刑部《おさかべ》郷・堀江郷などがみえているのである。これらの地域は、前年七月末に、堀江氏の本拠である黒山城（浜松市）を攻略した時に、制圧したとみられるものであった。

ここからすると、その浜松庄などをこの時に奥平定昌に与えたということになろう。ところで『宗長日記』では、その後の浜松庄について、今川家と親密な関係にあったとみられる飯尾賢連が同庄奉行となったことを記していたが、これはそれとは齟齬することになる。もしそうであったなかで、氏親が浜松庄を奥平定昌に与えたのであるとすれば、親今川方の飯尾賢連を追放し、親密化していた吉良家との関係を悪化させた、ということになるが、それでは事態の経過としてはあまりに煩雑にすぎよう。むしろ吉良家との親密化、飯尾賢連の浜松庄奉行就任は、これよりも後のこととみるのが適切といえよう。後に氏親は、吉良家との関係の親密化を図って浜松庄を返還することになるが、飯尾賢連の奉行就任はそれにともなってのこととらえるのが妥当と思われる。したがってこの時点では、いまだ吉良家との関係は成立していないとみておきたい。

また、奥平定昌との関係についてはこれが最初になるが、少なくとも氏親が所領を与えているのであるから、それ以前に氏親に従属する関係になっていたことは確実である。国衆が戦国大名に従属すると、従属という功賞により新たな所領を与えられるが、この場合がそれにあたるとすれば、奥平定昌の従属は、まさにその直前頃のことと推測されることになる。奥平家がなぜこの時に氏親に従属してきたのか、その理由はわからないものの、一般的な状況から考えれば、周辺の国衆との抗争にあたって、氏親からの支援の獲得を図ってのことと思われるが、具体的な状況は不明である。しかしこれが、氏親と三河との政治関係の形成を示す最初の事柄になる。

奥平定昌は、東三河のなかでも遠江寄りに位置していたから、前年における氏親による遠江領国化により、にわかに関係が生じるものとなったと思われる。おそらくは他の東三河国衆についても同様の状況がみられるようになっていたのではなかろうか。そして実際にも、その翌年から、氏親はそうした東三河国衆同士の抗争に介入していくのである。それはいわば、そうした国衆同士の抗争に引きずり込まれたということもできる。戦国大名の領国拡大、その前提となる対外侵略の展開の基底には、そのような国衆同士の抗争があったのである。

なお、その後の同年十一月、氏親による三河支配をうかがわせるような史料がある。それは、三河馬見塚《まみづか》（豊橋市）の武士とみられる渡部平内次に、同地を収公してその替え地として、三河渥美郡三相村（豊橋市）一二〇貫文を与える判物写である（戦今一六六）。馬見塚はその直後には、三河国衆の牧野古白《まきのこはく》の本拠である今橋城が存在することになるので、これに基づけば、牧野古白はこの時に氏親に従属していて、すでに今橋周辺も氏親の支配下に置かれていたことになる。ただし同文書の文言は、後世の誤写とみられる部分も多く、また本当に発給者が氏親なのかについても検証が必要と思われる。というのはこれまでにおいて、氏親が三河に領国を展開していた形跡は確認されないし、しかも国衆の領国に対しては、戦国大名といえどもそれには不干渉であったから、ここで氏親が牧野家領国内で知行充行《ちぎょうあてがい》などを行うとは想定し難いのである。そのためここでは、同文書については慎重になっておくことにしたい。

今川氏親と寿桂尼の結婚

さて、この永正二年（一五〇五）は、氏親の生涯のなかでも極めて大きな画期の一つとなるものであった。それはすなわち、公家中御門宣胤《なかみかどのぶたね》の娘との結婚である。彼女はいうまでもなく、後に「寿桂尼《じゆけいに》」と称される人物である。ここでも彼女については、著名なその名で記していくものとする。

ただしそうはいっても、結婚の時期を示す史料は残されていないので、これは推定である。具体的には、中御門宣胤の日記『宣胤卿記』（続史料大成本刊本）にみえる氏親との交流の経緯を踏まえて導き出された推測である。氏親と中御門宣胤の交流は、前年の永正元年六月十九日から確認されていて、この日に駿河から使者が送られてきている。七月二十日に、駿河から使者が送られて、「祝言」として五〇〇疋《ひき》（銭五貫文、約五〇万円）が贈られている。同月三十日には、またも駿河から使者が送られてきて、「一字の助成金として十両一枚（約一〇〇万円）」が贈られている。

これらをうけて八月二十日、中御門宣胤は、前月に駿河から送られた使者が二日後に下向するにともなって、氏親への返礼として、杉原紙《すぎはらがみ》二〇帖・帯一〇筋を「母方」すなわち北川殿に、帯五筋を「上臈」に、銭一〇〇疋（一貫文、約一〇万円）を使者にそれぞれ贈っている。ここにいう「上臈」は不明だが、進物量にかなり格差がみられるので、北川殿の老女にあたるのであろうか。そして二十五日には、三条実望とその妻で氏親姉の「北向」、実望の母、

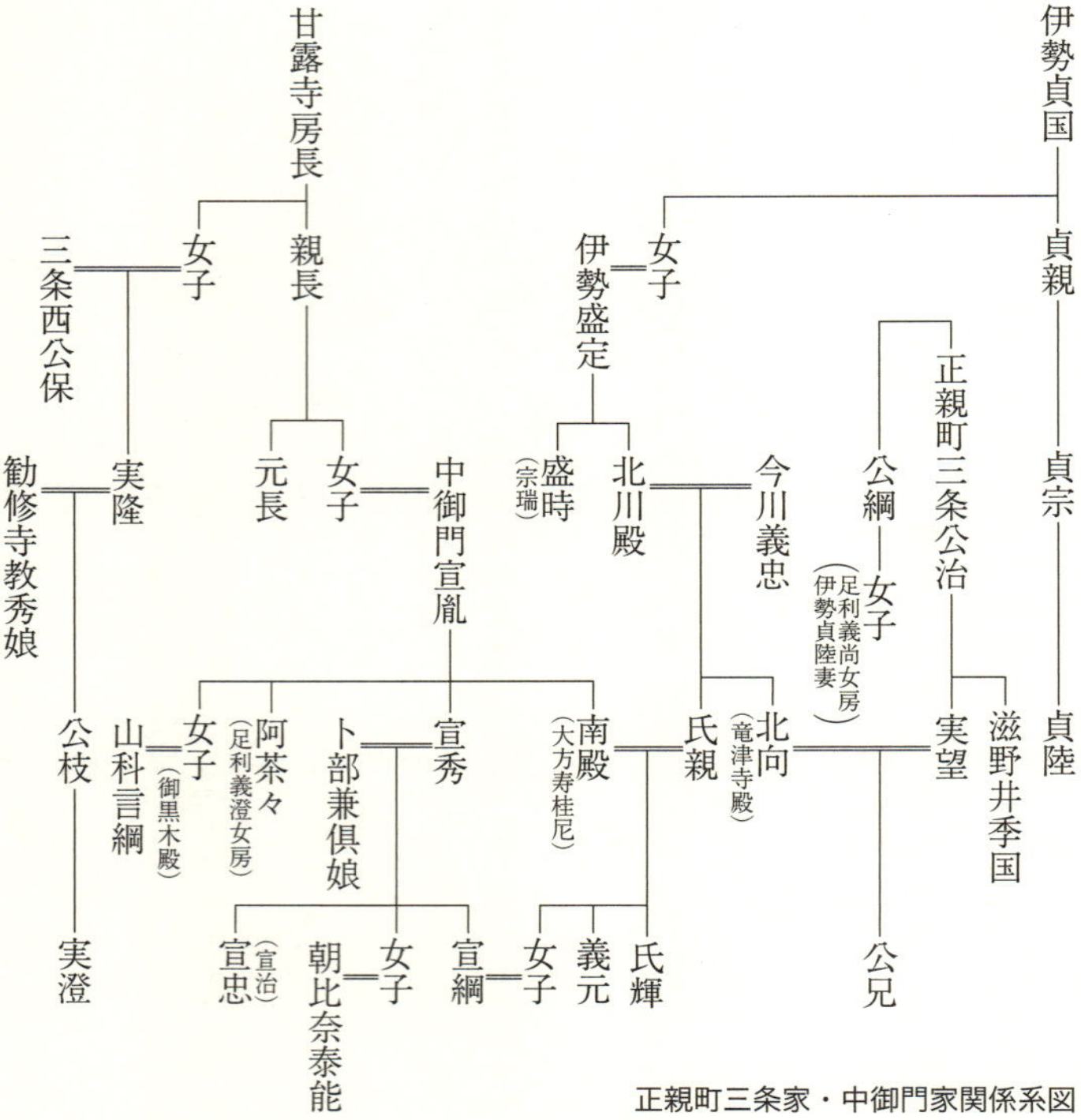

正親町三条家・中御門家関係系図

冷泉《れいぜい》為和など多くの人々とともに酒宴を行って、ここで初めて氏親姉に対面している。そのためこの酒宴は、今川家と中御門家の顔合わせの宴とみられている。そして十月十四日にも駿河からの使者が下向している。

このように永正元年から、氏親と中御門家の交流が密接化していることから、それらが氏親と寿桂尼の結婚の準備にあたるとみられている。『宣胤卿記』は永正二年が欠本で、その後の同三年以降も、交流がみられており、そこでは結婚のことはみえていないから、欠本である永正二年に、それが行われたのであろうと推測されている（米原前掲書）。この推定は極めて妥当とみなされる。結婚については、必ず記述があるに違いないからである。したがって氏親と中御門宣胤の交流が始まって後、記録がない永正二年こそが、結婚の時期とみられるといえよう。ただしその年の何時頃のことであったのかまでは推測もできない。

またこの結婚には、姉の三条実望妻の関わりを知ることができる。弟の嫁に寿桂尼を選んだのは、そもそも姉であったのかもしれない。彼女はこれより四年前の文亀元年五月に、駿河に下向してきていることからすると（「日海記」静二九〇）、あるいはこの時に、北川殿・氏親と、氏親の結婚をすすめていく話をしたのかもしれない。

中御門家は、藤原北家勧修寺家《かじゅうじけ》庶流の系統で、公家の家格では「羽林家」に位置し、大納言の官職まで昇進することができる中級の公家であった。ちなみに、正親町三条家の家格は

「大臣家」で、中御門家の「羽林家」よりも一段上のものであった。

中御門宣胤は、嘉吉《かきつ》二年（一四四二）生まれでこの時は六十四歳になっていた。嫡子の宣秀は、文明元年（一四六九）生まれでこの時は三十七歳であった。寿桂尼の生年は不明であるが、妹の「御黒木」（山科言綱妻）が長享元年（一四八七）生まれであるから、遅くてもその一、二年以上前の生まれと推測される。そうするとその生年は、文明十七、十八年（一四八五、八六）頃のことと推測され、長兄の宣秀からは十七歳近くも下にあたるものとなる。仮に文明十七年生まれとすれば、この時には二十一歳となり、妥当な年齢とみられる。

では氏親はというと、この年三十三歳になっていて、寿桂尼より十二歳ほども年長であった。氏親がその年まで結婚していなかった理由は明確にはならない。本来であれば、十代後半から二十代前半頃には結婚するのが通例といえるであろう。それと比べると氏親は、十年ほど遅い結婚ということになる。

そもそも氏親は、元服自体が非常に遅かった。明応四年（一四九五）、二十三歳の時のことであった。しかし、それからすぐに結婚してもいいようにも思う。だが、そうしなかったのは、適当な相手が存在しなかったからかもしれない。すでに駿河国主として、すなわち戦国大名として存立していたことからすると、少なくともその相手は、同等の家格以上にあるものでなければならなかったに違いない。

戦国大名という立場をもとに考えれば、近隣の大名家との間に婚姻を結ぶと思われがちである。いわゆる外交関係の一環としての婚姻である。しかしそうした状況がみられるようになるのは、これよりもっと後のことであった。氏親の結婚が、結果として京都の公家との間で結ばれたことをみると、そこには母の北川殿の意向が強く働いていたことが推測される。そうであれば北川殿は、そもそも氏親の結婚相手は、近隣の武家などではなく、京都の武家・公家を考えていたのかもしれない。自身が京都の武家出身で、長女を公家に嫁がせていることを踏まえると、そのように考えたほうがよいであろう。

そこで注目されるのが、文亀元年に姉が駿河に下向していたことであろう。氏親はこの時、二十九歳になっていた。そして姉の下向はおそらく、その結婚後初めてのことであったとみられる。おそらくこの時に、京都の武家・公家と婚姻をすすめることが取り決められたのではないかと思われる。そしてその人選は、北川殿と姉との協議ですすめられることになったのであろう。すでに氏親は、駿河一国・遠江半国を領国とする、当時においては極めて大規模な戦国大名として存立するようになっていた。その政治的地位に相応しい結婚が考えられるようになったとみられる。

どのような経緯があったのかはわからないものの、前年の永正元年六月から、氏親と中御門家との交流が開始されていることからすれば、それまでには取り決めがされていたとみなされる。その間のまる四年間のうちに、寿桂尼を相手とすることが取り決められたとみられる。ちなみに寿桂尼の姉は、将軍足利義澄の妾になっていた。さらに三条実望は、足利義澄に側近として仕えていた。それらのことからすると、そうした正親町三条家と足利義澄との関係から、寿桂尼が選ばれたように思われる。

なお、結婚自体は、あるいは当初はその永正元年に行われる予定だったのかもしれない。六月から八月にかけて、頻繁に使者の遣り取りが行われているから、これは具体的な婚姻の準備であったともみられる。しかし氏親は、その直後の九月から十月にかけて武蔵に出陣したために、それは翌年に延期されたのかもしれない。ともかくも氏親は、ここにきてようやくに結婚したのであった。

三河への侵攻を開始する今川軍

永正三年（一五〇六）になると、氏親はついに三河への侵攻を開始した。八月五日に、すでに従属関係にあった作手領（設楽町）の国衆・奥平定昌に書状を出して、今月十六日に、三河国への支援のために軍勢を進軍させることを伝えたうえで、田原《たはら》領（田原市）の国衆・戸田《とだ》弾正忠憲光《のりみつ》と協力して行動すること、今川軍が在陣しているうちに細川（岡崎市）に一城を取り立て、上野（豊田市）への通路を確保することを要請している。ここから氏親の三河侵攻は、戸田憲光への支援のためであったことがわかる。ということはそれまでに、その戸田憲光は氏親に従属してきていたこともわかる。

戸田憲光はこの時、今橋領（豊橋市）の国衆・牧野古白と抗争していたとみられていて、氏親はそれを支援することになったのであろう。その一方で、奥平定昌には西三河の松平氏一族の勢力圏への進軍を指示しているが、これは岩津《いわつ》松平家を中心とする松平氏一族を攻撃するためのものとみなされる。あるいは奥平家がそれら松平氏一族と抗争関係にあり、その支援のためであったかもしれない。

ちなみにこれと同時期のものとみられるが、氏親と宗瑞がそれぞれ、奥平定昌から八朔の祝儀を贈られたことへの返書がある（戦今一六一、戦北四六二〇）。ただそこでは氏親からの返書の宛名には「入道」がなく「八郎左衛門尉」とあり、宗瑞が出したものは「入道」名となっている。一見すると両文書が出された時期は異なり、氏親のものは定昌の入道前、宗瑞のものは入道後のものと思われなくもない。しかし内容が酷似していることをみると、これは同時のものとみるのが妥当であり、おそらく氏親のものが「入道」を脱落させてしまったのであろう。

そのうえで注目されるのは、奥平定昌が、祝儀を氏親と宗瑞に贈っていることである。進物は氏親に「太刀一腰・鳥目二〇〇疋（銭二貫文、約二〇万円）」、宗瑞には「太刀一腰・鳥目一〇〇疋（銭一貫文）」であり、太刀一腰は同じだが、銭の量に差がつけられていて、氏親には二貫文、宗瑞にはその半額の一貫文となっている。これは氏親が今川家当主、宗瑞はその「後見役」として区別されたものと理解されるが、宗瑞の立場が、単なる取次ではなく、氏親に準じて認識されていることが重要である。外部の政治勢力からは、氏親と宗瑞は、一体的でありながらも別の政治勢力として認識されていたこと、氏親の補佐役としての宗瑞の存在が大きく認識されていたことをうかがわせる。

今川軍の進軍は、八月下旬にはすすめられたようで、氏親は八月二十五日付けで遠江河西地域の鷲津郷本興寺（湖西市）に禁制を出している（戦今一七九）。これからすると九月には三河に進軍したものとみられる。この進軍には後にみるように伊勢宗瑞も参加しており、むしろ中心的な役割を果たすのであった。今川軍は三河に侵攻すると、牧野古白の本拠の今橋城を攻撃し、十九日にはその端城を攻略している。その二日後の二十一日、宗瑞は信濃松尾小笠原定基に、連携を働きかけるため書状を送っている（戦北一六）。

これは宗瑞が初めて小笠原定基に書状を送ったもので、それにあたっては、小笠原家の家臣で伊勢氏一族として同族にあたる関右馬允《うまのじよう》春光を通じて、通交を図ったものになる。ちなみにそこで、関春光とは「名字我等一体」「伊勢国関と申す所に在国により、関と名乗り候」とあることから、宗瑞の出自は伊勢国とみられたこともあった。しかし現在では、単に関氏の出自が伊勢国であり、伊勢氏とは同族であることを示したもの、と理解されるようになっている。

ここで宗瑞は、戸田憲光への支援として氏親が三河に侵攻し、自分も進軍したこと、近国のことなので必要が生じれば協力してもらいたいこと、今橋城を攻撃していて本城の堀岸に陣取りしていて、十九日に端城を攻略したことを伝えている。小笠原定基は、遠江・三河双方の北部に隣接する伊那郡を勢力下においていたこと、かつて斯波家との抗争の際にはそれに味方した経緯があったことから、この三河侵攻にともなって親交を結ぼうとしたのであろう。ただし、これは宗瑞単独ではなかったらしい。その後に、氏親も小笠原定基と通交していたことが確認されるからである。しかしそのことからも、氏親と宗瑞が一体的に政治行動をとっていることがわかる。

また宗瑞からの書状には、翌日付けで家臣の伊奈弾正忠盛泰の副状《そえじょう》があるので（戦北四〇七九）、取次はその伊奈盛泰があたったことがわかる。宗瑞の家臣としてはここが初登場となるが、伊奈氏は幕府奉公衆であったから、その一族で宗瑞の家臣になった存在とみられる（和氣俊行「伊勢宗瑞家臣伊奈弾正忠盛泰の出自に関する一考察」拙編『伊勢宗瑞』所収）。実名のうちの「盛」は、宗瑞の実名「盛時」からの偏諱とみなされるので、宗瑞に仕えてから元服した存在であったと推測される。しかもここで副状を出していることからすれば、かなり重要な地位を与えられていたとみなされる。

そしてこの時、実際に使者を務めたのが、大井宗菊という人物であった。しかし、この大井宗菊の素性はいまだ明らかになっていない。甲斐武田氏の一族の武田大井氏とみる見解もあるが、それはその後の大井氏の当主が「武田大井宗芸」といい、法名が近似していることからの推測にすぎないようである。今川家と武田大井家との密接な関係が確認されるようになるのはもう少し後のことであるし、何よりも宗瑞との関係は確認されていない。大井宗菊は、ここで宗瑞からの使者を務めているのであるから、その家臣か、もしくは宗瑞とは深い親交にあって信濃と関係がある人物ということになるかと思われる。

大井宗菊は、使者を務めるにあたって、小笠原定基の本拠に行って定基に対面し、直接に口上を述べるつもりであった。ところが仲介してもらっている関春光から、許可が出なかったためか、関のもとに留まることを指示され、そのため二十七日付けで定基に宛てて書状を出し（戦今一八三）、「駿州《（氏親）》・豆州《（宗瑞）》」が戸田憲光支援のために三河に侵攻したので、定基との連携を図って、その了解を得たがっていること、三河を制圧したら定基に協力もすること、関春光は宗瑞と「一家」であるので宗瑞は親しく思っていて、関春光もそうであることを述べ、口上しようとしていた内容は関春光から伝えてもらうと述べ、返事をもらえるよう頼んでいる。

これによれば使者の大井宗菊は、小笠原定基への対面は許されず、そのため関春光に書状と口上を託したことがわかる。その返事が出されたのかどうかもわからないが、十月十八日に関春光からの連絡が宗瑞にもたらされている。それをうけて翌十九日に、宗瑞は再び小笠原定基に宛てて書状を出しているが（戦北一八）、その宛名に付けられる脇付《わきづけ》には「御宿所」とあり、初信であることがわかるので、関春光からの連絡は、定基からのものではなく、春光自身からのものであった可能性が高い。そこでは、小笠原軍が「横林」まで軍勢を派遣してきたことに喜びを示し、今後は必要があれば協力することを申し出たうえで、今橋城攻略は今日明日のうちであることを伝えている。

ここで小笠原定基は、氏親・宗瑞と連携する態度をとって、「横林」という地まで軍勢を派遣したことがわかる。この部分はこれまで、「横井」と判読されることが多いが、「横林」と判読するのが妥当であろう。ただし、いずれにしてもその具体的な場所は明らかになっていない。信濃南部か奥三河にあたるのであろうか。いずれにしろ氏親と宗瑞は、小笠原定基からの協力を取り付けることに成功したとみなされる。そして今橋城攻めについては、十一月三日に同城の攻略を遂げ、牧野古白を討滅している。同城の攻撃には「百余日」を費やしたものであったという。さらに石巻城《いしまき》（豊橋市）を「六十余日」かけて攻略したのであるという（戦今二三二）。

そして十一月十五日には、氏親が矢作《やはぎ》川西岸の明眼寺《みょうげんじ》（岡崎市）に禁制を与えているから（戦今一八六）、その後は西三河まで進軍したことがうかがわれる。しかし、それ以上の状況は不明である。翌月の閏十一月七日に、宗瑞は吉良義信家臣の巨海《おおみ》越中守に書状を出して（戦北一七）、今回氏親に従って三河に進軍したこと、懇切な吉良義信の意向をうけてありがたいこと、氏親の思い通りになって自分も満足していること、これらのことを吉良義信に申上しようと思っていたところ、御書を頂戴して嬉しいこと、これを吉良義信に報告して欲しい、と述べている。

今川軍が三河に侵攻したところで、西三河吉良庄（西尾市）の領主であった吉良義信から、宗瑞に対して書状（「御書」）が届けられていて、その後の今橋城攻略や西三河への進軍を遂げたところで、再び義信から書状が届けられたので、それに返事したものとなる。吉良家は吉良庄を本領としていたものの、当主本人は基本的には在京していて、この時点でもいまだ在京を続けていたとみられている。そうすると、ここで吉良義信が宗瑞に書状を出しているのは、京都からのことであったということになろう。

この時期まで、今川家と吉良家との関係がどのようなものであったのかはよくわかっていない。ただし、永正元年（一五〇四）に今川家が遠江河西地域を制圧し、同二年二月に、その浜松庄を奥平定昌に与えていることからすると、三河侵攻以前にはまだ関係を形成してはいなかったとみなされるであろう。ここで吉良義信が、今川軍の三河侵攻に際して「懇切」の意向を示してきたのは、本領吉良庄の確保を図ってのこととみてよいであろう。今川軍がさらに西三河に進軍したことをみれば、なおさらのことであったに違いない。吉良義信は、積極的に氏親・宗瑞に親交を図ることで、所領の確保を図ったのであろう。そしてそのことは逆に、今川家の勢力がそれだけ三河に大きく展開したとみられたことを意味していよう。

この時の軍事行動は、この後は確認されないので、氏親・宗瑞はおおよそ閏十一月頃になって帰陣したものと思われる。氏親は作手領の奥平家、田原領の戸田家を従属させていた他、牧野家を没落させて、攻略した今橋城は戸田家に与えている。これによって氏親は、およそ東三河一帯を領国下におさめたかたちとなった。

公家との交流の本格化

永正四年（一五〇七）については、氏親・宗瑞ともに軍事行動は知られていない。その意味では両者にとって、比較的平穏な時期であったといえるかもしれない。ただし周辺地域では、新たな抗争が展開し始めていた。

まず関東では、前年から古河公方足利政氏とその嫡子高氏（のち高基）の父子抗争を中核とした内乱たる永正の乱が展開されていた。この年八月頃に和睦が成立するが、すぐに抗争が再開、二年後の同六年六月に再度の和睦をみるが、すぐにまた対立し始め、同七年六月から三度目の抗争を展開させていくのである。さらにその先の越後国では、永正四年八月、越後国守護・上杉房能（山内上杉顕定の弟）が、家宰で越後国守護代の長尾為景《ためかげ》との抗争で戦死し、以後は為景方と旧房能方との抗争（越後永正の乱）が展開されるとともに、同六年七月には、山内上杉顕定が長尾為景討伐のために越後に進軍、為景方との抗争を展開していくのである。この抗争に、やがて宗瑞が関わっていくことになる。

また甲斐では、永正二年に武田信昌が死去し、続いて同四年に武田家当主であった信縄が死去、家督を嫡子信直（のち信虎）が継いだところ、信縄の弟で、新当主の信直にとっては叔父となる信恵との間で対立がみられるようになっていた。信恵は、かつて信昌と信縄が抗争していた時期には、信昌とともに信縄と抗争していた存在であった。この両者が、翌五年から本格的な抗争を展開していくことになる。そしてこの甲斐における抗争には、やがて氏親がその死去まで関わっていくものとなる。

このように氏親・宗瑞の周辺では、相次いで大規模な抗争が展開されるようになっていたのである。そしてこの後、両者はともにそれらの抗争に関わっていくのであるが、それはほ

ん の少し先のことになる。

さて、永正四年に話を戻すと、この年は氏親にとって、さらにはその後の戦国大名今川家にとっても、あとから振り返ってみて、ある出発点となった年であった。それはすなわち、京都の公家との文化交流が本格的に始まった年となったことである。今川家は、氏親の時代から京都の公家との文化交流が盛んになるが、次代の氏輝《うじてる》・義元《よしもと》以降になると、さらなる発展をみせていき、それは一つの文化として展開するまでになっている。多くの公家・文化人が駿府に滞在するようになるとともに、それらが駿府を拠点として周辺地域に伝播していくのであった。そうした状況を、後世になって「今川文化」「駿府文化」と称したが、それは戦国時代における三大地方文化の一つ（他は山口・一乗谷）として評価され、その舞台となっていた駿府は、戦国時代における三大「小京都」の一つと位置づけられるのである。

氏親が、姉の嫁ぎ先である正親町三条実望や、妻寿桂尼の実家である中御門宣胤と交流があったことは、先に寿桂尼との結婚のところでもみた通りである。この永正四年二月十四日、姉の子である正親町三条公兄《きんえ》が駿河に下向している。これは正親町三条家の人物にとって、初めての駿河への下向であった（『宣胤卿記』）。三条公兄にとっては、氏親は叔父、北川殿は外祖母となるから、いってみれば母方実家の訪問となる。しかもこれは同時に、現職の公家が駿府に滞在するようになる最初でもあった。

そしてその後、氏親の生前期においては主な事例だけでも、永正五年にその父の三条実望、冷泉為広、同七年に冷泉為和、同十年に冷泉為広、同十五年に中御門宣秀、滋野井季国《しげのいすえくに》（三条実望の弟）、万里小路秀房《までのこうじひでふさ》、といった公家たちの駿府滞在が知られている（『静岡県史通史編2』六四一頁など）。現在、わかっているだけでもこれだけの事例がみられており、おそらくこれから新たな史料が確認されれば、その事例はさらに増えるものと思われる。ともかくもすでに氏親の時代に、これだけの公家の駿府への下向がみられたのであった。

また、この永正四年五月二十六日には、三条西実隆から「伊勢物語」を与えられている。三条西実隆は、当代随一の公家文化人とみなされる存在であり、氏親はこれより二年前、ちょうど寿桂尼と結婚した頃から、和歌の添削をうけるという交流を持つようになっていた。岳父の中御門宣胤も、姉婿の三条実望も、この三条西実隆とは親交が深かったから、氏親はそれらの仲介を経て、交流するようになったものと思われる。そしてこの後も、氏親は直接に、あるいは岳父の中御門宣胤を通じて間接に、実隆と交流している。そこでは同六年に「伊勢物語」、同十三年に「三十六人衆」のうちの紛失分などを送ってもらっているのである（米原前掲書など）。こうして氏親は、三条西実隆や、その実隆からも一目置かれていた中御門宣胤たちを通じて、和歌・文芸の古典書を集積していっている。

氏親がこのように、公家との文化交流を盛んにしていったのは、多分に姉婿の三条実望と岳父の中御門宣胤の関係があったことに始まっているといえるが、その人脈や教養を通じて、氏親自身も文化の最先端に接していくとともに、それが東国における一つの中心を形成していったといえるであろう。

遠江国守護職を獲得する氏親

今川氏親と伊勢宗瑞は、明応二年（一四九三）の伊豆侵攻の開始以来、京都政界に対しては将軍足利義澄・細川京兆《けいちょう》家当主の細川政元と繋がる関係にあった。ところが、永正四年（一五〇七）六月に細川政元が家臣に暗殺され、これによって細川京兆家は内部分裂が展開していった。そしてこれをうけて、当時、西国の周防大内義興に庇護されていた前将軍足利義尹《よしただ》（もと義材、のち義稙）は、将軍への復帰を目指して、大内義興とともに上洛をすすめるのである。翌同五年二月にはその動きがみられ、六月に足利義澄は近江に退去し、代わって義尹が入洛するのであった。

こうした情勢の変化をうけて、氏親と宗瑞は、足利義尹に接触するようになり、逆に義澄とは距離を置くようになっていた。そのことを示す足利義澄の書状がある（戦今二一六）。月日も記されていない書状だが、宛名の「民部卿」が冷泉為広に比定され、その関係から永正三年十一月から同五年四月までのものと推定されている（家永遵嗣「北条早雲研究の最前線」）。まさに細川政元が暗殺された前後から、足利義尹が入洛するまでのものとなり、文面からすれば、義尹が上洛の行動をみせた頃のもののように思われる。

そこでは、「去年に、今川五郎（氏親）・伊勢新九郎入道（宗瑞）に書状を出したが、宗瑞は『そのうち御礼を申しあげます』と言ってきたが、氏親は返事も寄越してこない。（氏親は）足利義尹（「西国辺」）と申し合わせているので、どうしたらよいかと考えている。今川家については、勝幢院《しょうどういん》（足利政知）・東山殿（足利義政）にも申し入れていて、とりわけ近年まで親交していたのに、このような事態は思いもよらない。けれどもこれはもう過ぎたことであり、あらためてもしもの時には、忠節してもらえれば有り難いということを、命じたいと思う。「三条相」（三条実望）に伝えて欲しい」と述べられている。

これによれば足利義尹上洛の動向をうけて、義澄は昨年、氏親と宗瑞に、おそらくは忠節を要請する内容の書状を出したのであったが、宗瑞からは社交辞令ながら返事があったものの、氏親からは返事すらなかったという。そして氏親は、この時には足利義尹と通交するようになっていたことがみえている。これに接して義澄は、どう理解すればよいか悩んでいるようで、氏親は、義澄の実父足利政知、当時の室町殿の足利義政の時代から、近年まで義澄との間で親交があったことをもとに、そのこと自体は忘れることにして、あらためて忠節を求める書状を出すことにして、三条実望に尽力してもらうことにしている。

義澄は、氏親への再度の書状を出すことを、冷泉為広から三条実望に伝えてもらうことにしているが、これは両者が義澄の側近として存在していたとともに、氏親とも親交が深かったことによろう。両者から氏親への働きかけを期待してのことであったと思われる。では氏親は、それまで足利義澄と親交を持っていたのに、どうしてここにきて急に疎遠の態度をとるようになったのであろうか。文面をみる限り、氏親が返事をしなかったのは、その去年の書状に対してのことが最初であったと思われる。それだけに義澄は驚いているのであろう。足利義尹上洛の動きが顕著になるのは、細川政元死去後のことになるので、去年の書状とは永正四年に出されたもので、この書状は永正五年の初め頃に出されたものと推定することができる。そうすると氏親が態度を変えたのは、足利義尹上洛の動きをうけてのこととみられよう。

その理由としては、斯波家との関係にあったことが指摘されている。そもそもこれより七年前となる文亀元年（一五〇一）に、斯波家が遠江回復のための軍事行動を展開してきた時、足利義澄・細川政元はそれを支援していたのである。氏親からすれば、すでにこの時に、義澄・政元との連携には見切りをつけたに違いない。しかもちょうどこの頃、義澄は斯波義寛の娘を妾に迎えたともみられており、義澄がその頃から斯波義寛と親密な関係を形成するようになったことは確かであった（大塚勲『今川一族の家系』など）。

近時、尾張斯波家や三河吉良家・松平氏一族についての研究が大きく進展をみせるようになっている。それによって氏親とそれらとの遠江・三河をめぐる状況も、詳細に明らかになりつつある。今後のさらなる研究の進展によって、それらへの理解もより深まることが予想されるが、いずれにしても氏親としては、義澄が斯波家と結んでいる限り、義澄を支援する気にはならなかったに違いない。逆に、義尹上洛をうけて、斯波家との抗争のためにも、義尹への結びつきを図ったとみなされる。

そうして永正五年六月、足利義澄は義尹上洛の動きに抗しきれずに、近江に退去し、代わって義尹が入洛するのであった。そして義尹は七月に、あらためて将軍に就任するのである。氏親は義尹に、入洛の祝儀として、太刀一腰・銭二〇〇〇疋（二〇貫文、約二〇〇万円）を進上し、これへの返書が、御内書《ごないしょ》（将軍が出す書状）の様式で、七月十三日付けで出されている（戦今二一四）。しかもそれと同日付けで、遠江国守護職に補任されたことの御礼として、太刀一腰・馬一疋・銭一万疋（一〇〇貫文、約一〇〇〇万円）を進上したことへの返書が、同じく御内書の様式で出されている（戦今二一五）。

これらによって氏親は、足利義尹に対し、その入洛にあたって祝儀を言上し、あわせて遠江国守護職への補任を要請していたことがわかる。そして義尹からはすんなりとそれを認められたとみなされる。ここに氏親は、将軍に復帰した足利義尹から、遠江国守護職に補任されたのである。それは、氏親による遠江領国化を公認されたことを意味している。同守護職は、父義忠の時から要求していたものであったらしいことからすると、これはその悲願を達成したものといえるであろう。また実際にも、永正元年の頃には、すでに領国化を遂げていたから、氏親は足利義澄にも同職への補任を要請していたのではなかったろうか。しかし義澄は、斯波義寛の立場を尊重して、それを認めてこなかったのかもしれない。氏親が義澄との連携に見切りをつけ、義尹支援に転じたのには、そうした背景があったに違いない。

なお、この時の足利義尹御内書について「大館記」所収のものなどには、宛名が後のものになる「今川修理大夫」で記されていて、そのため一時期、その年代はこの時のものでなく、もう少し後とみられることもあった。しかし「御内書案」所収の写本には、「永正五」の注記がみられるうえに、宛名は「今川何々とのへ」とあって、通称は明記されておらず、現在はこちらが重視されるようになっている（大塚前掲書）。こちらの写本では、進物内容も多く、通称が明記されていないのは当時から失念されたもののように思われる。そうすると「大館記」などの所収写本は、進物内容を一部脱落させている可能性が高く、宛名についても、「修理大夫」という後におけるものを記して書写した可能性が高いと思われる。

三河進軍と敗退の風聞

将軍の交替にともなってのことか、三河で情勢に変化がみられたのであろう、永正五年（一五〇八）十月になって、氏親は軍勢を三河に進軍させている。ただしこの時の進軍には、氏親は出陣しなかったようで、「名代」として宗瑞が惣大将となっていたとみられる。実際にも、この進軍に加わった駿河武士の伊達蔵人丞《くろうどのじょう》忠宗に対して、十一月十六日付けで氏親が出した感状には、三河での戦功について、「由」というかたちで報告をうけての表現になっている（戦今二二一）。また当事者が後世にまとめたものにはなるが、「三河物語」（静四八八）には、宗瑞が氏親の「名代」として進軍してきたと記しているので、そのように理解できるであろう。

宗瑞は十月のうちには西三河に進軍したとみられる。これは松平氏一族との抗争のためであった。十月十九日に合戦があり、そこでの戦功について、十一月十一日付けで、駿河武士の伊達忠宗と吉良家臣の巨海越中守に、それぞれ書状を出している（戦北一九、戦今二一九）。そこでは「当手」、すなわち宗瑞の軍勢が小勢であったところ、加勢してもらって、その戦功を「屋形様（氏親）」へ報告したことを伝え、氏親の意向は朝比奈弥三郎泰以《やすもち》（泰凞の弟）

から伝達されることを述べている。

ここで宗瑞は、戦功をあげた今川家臣らに対し、その戦功を氏親に報告することを伝えているにすぎない。このことから宗瑞には、今川軍の惣大将を務めてはいたものの、今川家臣の戦功を認定する権限はなかったことがわかる。彼らの主人は氏親であり、また今川軍の行動は氏親の指令によるものであった。戦功の認定は、それへの軍事指揮権の所在、さらにいえば主従関係の根幹にあたるものであったから、宗瑞といえどもそれに干渉することはできなかったのである。

またこの時、吉良家から援軍が派遣されていたことがわかる。これからすると吉良家は、今川家と松平氏一族との抗争にあたっては、明確に今川家に味方する立場をとっていたことがわかる。「三河物語」では、この時の抗争について、宗瑞は一万の軍勢で侵攻してきて、松平氏一族の惣領家となる岩津松平親長の本拠岩津城（岡崎市）を攻撃したという。そこに有力一族の安祥《あんじょう》松平長忠が矢作川を越えて進軍してきたため、宗瑞はこれを迎撃し、夜になって松平長忠は矢作川の対岸に戻ったので、宗瑞も退陣したという。それは田原戸田家が松平氏に味方する動きをみせたからという。

これに関しては、三条西実隆の日記「実隆公記」（静四六七）に、「参川《三河》国去月《十月》駿河・伊豆衆敗軍」と、今川軍の敗北として京都に伝聞されている。ただし実際には、宗瑞は岩津城攻撃によって、岩津松平家を壊滅させたととらえられていて、必ずしも敗北にはあたらないようである。しかし『三河物語』が伝えるように、松平長忠の抵抗があり、それを撃退しないで退陣したため、それが「敗北」と伝えられたのかもしれない。しかし本当にここで敗北したのなら、氏親に従属していた東三河国衆が、そのまま従ったとは考えがたい。必ず離叛の動きが出るはずだからである。国衆は、軍事保護をうけるために戦国大名に従うのであり、敗北などがあってその保護が不安視されれば、すぐに別の方法を模索するのであった。この時期にはまだその動きはみられないことからすると、やはり京都に伝えられた内容は、あくまでも伝聞であったとみてよいと思われる。

ところで、この時における宗瑞の三河進軍は、結果として、宗瑞が今川軍として軍事行動した最後のものになる。もちろんそれは、結果としてそうなったのであって、氏親や宗瑞が意図してのことであったわけではない。そうなった事情については、後で具体的に取り上げることにしたい。しかし、これまで宗瑞は氏親を補佐し、その軍事行動やさらには領国支配においても重要な役割を担ってきた。外交関係においても、両者は一体のものとみなされていたように、文字通りに一体的な存在であった。そこで次章では、これまでにおける氏親と宗瑞の関係、換言すれば今川家における宗瑞の立場について、あらためてまとめておくことにしたい。

第七章　今川家における伊勢宗瑞の立場

「名代」として惣大将を務める

伊勢宗瑞が、今川氏親のもとで、その補佐役として行動した最初は、まだ宗瑞が実名盛時を称し、また氏親も幼名竜王丸を称していた長享元年（一四八七）にまでさかのぼる。この時、宗瑞は三十二歳、氏親は十五歳であった。すでに述べているように、氏親を今川家当主に据えるクーデターに際してのことであった。ここで宗瑞は、京都から駿河に下向し、氏親支持の今川家臣を糾合し、当主であった今川小鹿範満を討滅して、氏親を今川家当主に据えたのである。

範満与党との抗争は、長享三年（延徳元年）まで続いたとみられるが、そこにおける軍事行動は、いずれも宗瑞が主導していたものとみて間違いない。氏親はいまだ元服前であったから、自ら軍事指揮することはできない存在であった。そのような場合、当主に代わって軍事指揮にあたるのが一門衆であったが、氏親にはこの時期、そうした存在は他にはみられていなかった。むしろ宗瑞だけが、その叔父として、一門衆の立場にあって、氏親の代行を務めることができた存在であったといえる。

そのような立場は、その後に「名代」と表現されている。「名代」とは、基本的には代行者を意味するが、それが家督継承者なのか代官なのかで、その地位は大きく異なっている。ここで宗瑞について言われているのは、いうまでもなく後者の、当主のもとでの代行者としての意味である。そして実際のところ、氏親と宗瑞の関係でいうと、氏親の生前時に「名代」を務めたのは、宗瑞だけであった。

ただし宗瑞は、長享三年から延徳三年までの間に、一旦、京都に帰還している。その間、氏親の軍事行動は確認されていないので、宗瑞の不在によっても、誰を「名代」にするかは問題になることはなかったといえる。しかし宗瑞は、堀越公方足利家を震源とした周囲の情勢変化をうけて、氏親支援のために再び駿河に下向し、以後はそのまま在国することになる。そしてその際に出家して、それまでの室町幕府直臣の立場を捨て、今川家の構成員となり、氏親の叔父として、その補佐役に徹する姿勢をとるのであった。

明応元年（一四九二）に甲斐への侵攻、同二年に伊豆への侵攻、同三年に遠江への侵攻があり、氏親は相次いで隣接諸国への侵攻を開始する。このうち宗瑞が惣大将であったことがわかるのは、伊豆・遠江侵攻についてとなるが、その前における甲斐侵攻も、当然ながら宗瑞が惣大将を務めたとみてよいであろう。宗瑞以外に、それを果たすことができる存在が見あたらないからである。

氏親は、明応三年から同四年頃に、元服して成人する。そして同五年に遠江に侵攻するが、これが氏親にとっての初陣にあたるとともに、これには宗瑞は参加していなかったとみなされるから、同時に氏親は初めて自ら今川軍の惣大将を務めたものとなった。この後の氏親は、同六年、同七年、同八年と相次いで遠江に侵攻したが、それらにも宗瑞は参加していなかったから、いずれも氏親が惣大将となって行われたものであった。これらに宗瑞が参加しなかったのは、ちょうど相模での山内上杉家の侵攻、伊豆などでの堀越公方足利家との抗争、そして伊豆領国化に対応していたためであった。

宗瑞はその過程で、伊豆一国を自らの領国として、戦国大名となった。以後における相模・武蔵への侵攻は、その戦国大名としての行動となる。しかしその一方で、宗瑞は依然として、氏親の補佐役を務めていくのであった。そうして両者は、文亀元年（一五〇一）の遠江侵攻において初めて軍事行動をともにするのである。ここでは当然ながら氏親が惣大将であるとともに、宗瑞はそれに従軍する立場となっていた。実は氏親と宗瑞の両者がともに戦陣に立つのは、これが初めてのことであったのである。そしてこのこと自体が、宗瑞が明確に氏親の配下に位置する存在であったことを示している。

宗瑞は文亀二年に甲斐に侵攻、永正元年六月から八月にかけて遠江に侵攻するが、そこに氏親の出陣はなかったものの、それらは今川家としてのものであった。宗瑞は依然として、氏親の「名代」として軍事行動していたのである。また文亀元年からの遠江侵攻では、今川家臣を与力として編成した軍団の「物主《ものぬし》（指揮官）」として、家老の朝比奈泰熈・福島助春の存在がみられるようになっている。ただし宗瑞は、それらをも統轄する役割にあったとみなされるものとなる。

そして永正元年九月には、宗瑞が盟約していた扇谷上杉家への援軍として、氏親と宗瑞が出陣するが、そこでは援軍の主体は氏親にあった。氏親が上位者であったからに他ならない。宗瑞はかつて、明応三年・同五年に扇谷上杉家に援軍として出陣しているが、その時には明確に扇谷上杉家の配下扱いであった。しかし氏親の場合はそうではなく、扇谷上杉家に対して対等の立場であった。宗瑞はあくまでも、氏親配下の存在とみなされていたのである。

永正三年の三河侵攻でも、宗瑞は氏親とともに進軍するが、そこで信濃小笠原家に連携を働きかけている。そこでも氏親に従って出陣していることを述べている。また氏親に通交してきた吉良家にも、氏親に「御供」してのものであることを述べている。この頃に将軍足利義澄から送られた書状では、氏親と宗瑞は別個に送られているものの、政治的存在としては一体のものとみなされている。宗瑞は「伊豆国主」として、独自の政治勢力としてみられる一方で、氏親配下の存在としてみなされていたことがわかる。

そして同五年十月の、宗瑞にとって今川軍としての最後の軍事行動においても、氏親の出陣がないなか、「名代」として今川軍を指揮している。そこで戦功をあげた今川家臣や吉良家臣に対しては、氏親に報告することを伝えている。そしてその戦功については、氏親から感状が出されている。今川軍としての軍事行動では、宗瑞は「名代」であったとしても、感状を発給できる立場ではなかったこと、それはあくまでも今川家当主の管轄にあったことがよく示されている。

領国支配への関わり

宗瑞が氏親を補佐したのは、軍事行動においてだけではなかった。戦国大名としてもう一つの基本的な側面となる、領国統治においてもみられていた。その最初は、やはり氏親を今川家当主に据えた直後からみられている。それはすでに述べたように、氏親を当主に据えた翌年の長享二年（一四八八）九月、紀伊熊野那智山社に社領を安堵した「打渡状」を出しているものになる。

そこでも述べたが、打渡状はそれまでは、主として、守護代が主人である守護からの所領の遵行命令をうけて、それを実現するにともなって出されるものであった。ここで宗瑞が打渡状を出しているのは、そこでの所領安堵が宗瑞自身の権限によるのではなく、あくまでも主人たる「守護」の権限であることを踏まえてのことであった。そしてここでの「守護」に相当するのが、いうまでもなく氏親になる。氏親の領国においては、氏親にこそ知行配分の権限があることを宗瑞も自覚し、また他者へもそのように示したものと理解される。

氏親は当主になった後には、ただちに自らの文書によって、そうした家臣や領国内の寺社に対する知行充行・安堵、諸役賦課・免除を行っている。いまだ元服前のために、竜王丸の署名に黒印を据えて文書を出しているが、氏親がそれらの権限行使者であること、すなわち氏親があくまでも領国統治者であることが、それによって明示されていた。

しかしながらその内容決定が、氏親の判断によっていたのかまではわからない。むしろ、まだ十代の元服前であることからすると、実際にはそれらの判断は、宗瑞が行っていた可能性が高いとみられる。しかし出される文書は、基本的には氏親の名義で出されなければならなかったから、そのような様式で出されていたものと理解される。宗瑞が出したのは、クーデター直後だけのことにすぎなかった。それがどうして宗瑞の打渡状として出されなければならなかったのかが疑問だが、対象となったのが領国外部の寺社であったために、あえて室町幕府的な文書秩序を踏襲する様式がとられたのかもしれない。

その後において、宗瑞が今川領国のなかで、知行充行・安堵を行ったのは、永正元年（一五〇四）八月に、遠江村櫛庄（浜松市）の領主大沢氏の所領であった雄奈郷に、大沢氏への年貢・公事納入を命じるものであった。この文書は雄奈郷宛にはなっているが、大沢氏に伝来されているから、当初から大沢氏に渡されたものとみなされる。大沢氏はこの文書をもとにして、雄奈郷に年貢・公事納入を要求するのであった。しかしこれも宗瑞独自の判断で行われたのではなかった。あらかじめ、氏親から大沢氏に所領安堵が行われていて、その執行を宗瑞に命じたものであり、宗瑞はそれをうけて判物を出した、というものであった。

また、ここでその執行が宗瑞に命じられているのは、氏親は現地に在所してはおらず、この時における遠江河西地域の経略が、宗瑞が「名代」としてすすめていたことに関わっていたからとみられる。宗瑞が「名代」として経略をすすめており、そのため宗瑞に、味方になった国衆らへの知行充行・安堵の執行が命じられたものと理解される。したがってこれは、宗瑞が「名代」を務めていたからこそ、行われたものであったとみられる。

しかしそうではあっても、氏親の命令をうけて、それを判物という様式で命令の執行にあたっていることには注意してよい。判物とは、上位者から下位者に対して命令を執行するものであり、また保証書という性格を有するものであった。ちなみにこの後、氏親の生前期において、氏親の上意をもとに判物もしくは証文が出されている事例としては、永正十一年（一五一四）における関口氏兼証文（戦今二七一）、大永五年（一五二五）における朝比奈時茂・福島盛広奉書（戦今三八四）などがみられているにすぎない。それらの性格についてはそれぞれ独自の検討が必要ではあるが、ここでは宗瑞が氏親を補佐してきた時期には、そうしたことは宗瑞にしかみられなかったことを確認しておきたい。

宗瑞の発給した文書から、氏親の領国支配に関わった事柄として知られるのは以上になるが、それ以外にも、関係者の書状から、遠江浜名《はまな》神戸《かんべ》（浜松市）の支配に関わっていたことが確認されている。

遠江浜名神戸の支配

宗瑞が浜名神戸支配にあたっていたことは、同地所在の幡教寺《ばんきょうじ》（大福寺）に関わる二通の今川氏関係者の書状にみえている。それらの書状の年代は明らかではないが、内容が関連する同時期の他の書状との関係から、永正四年（一五〇七）前後のものと推定されている（長塚孝「戦国大名今川氏の西遠江進攻と直轄領支配」拙編『今川氏親』所収、「伊勢宗瑞の検田」拙編『伊勢宗瑞』所収）。

一通は、月日が脱落しているが、今川家臣の福島玄蕃允《げんばのじょう》範能が幡教寺実相坊に宛てた書状で（「大福寺古案」戦今二九二）、永正四年以前のものとみなされている。福島範能は、高天神城主の福島助春の一族で、その代官を務めるような有力一族の立場にあった。ここでの行為も、福島助春の代官としてのものとなる。その書状のなかに、同寺に不入《ふにゅう》（諸役免除）

を認める氏親の判物が出されたことを伝えたうえで、「浜名社家かた検田、此の間申され候時儀、『豆州《（宗瑞）》』へ尋ねられ候、如何様四、五日の内、御返事申し入れるべく候」とある。
ここに「豆州」とあるのが宗瑞のことである。これによれば宗瑞は、浜名神戸の社家方、すなわち伊勢神宮領分の土地について「検田」、すなわち検地をしたことが知られる。これについて実相坊は何か申し立てをしてきていたらしく、福島範能はそのことについては宗瑞に確認をとること、それをうけて四、五日のうちには返事することを伝えている。実相坊にとって何が問題になっていたのかは明確ではないが、ここで重要なことは、宗瑞が今川領国で検地をしていることである。検地は、耕地面積をもとに年貢・公事賦課の算出基準となる村高を算定する行為である。それを行うのは、直轄領であれば代官、給人領であれば給人たる地頭となる。どうも浜名神戸は、今川家の直轄領にされていたらしいから、ここでの宗瑞の行為をもとにすると、宗瑞はその代官を務めていたことが想定できる。

宗瑞の検地というと、永正三年の相模西郡での施行が知られている。しかもそれは、戦国大名の検地として確認されているなかでは最初の事例となっている。そのため宗瑞は、検地にもとづいた領国支配体制を構築した最初の戦国大名とみられている。ただしその時の検地は、宗瑞が領国支配において行った最初のものではなく、二度目のものであったことが明らかである。おそらく最初の検地は、文亀元年（一五〇一）頃、その西郡を領国化した際のことではなかったかと推測される。

すでに宗瑞は、自らの領国で検地を行っていたのであるが、今川領国でも同様に行っていたことがわかる。しかもこの事例は、今川家においても、確認できるものとして最初の検地事例ということになる。こうした状況をみれば、氏親も宗瑞も、新たな領国化をすすめていくなかで、ともに検地を行っていたことが想定される。そしてこれまでの宗瑞と氏親との関係からすれば、おそらくはそうした領国支配の在り方についても、実質的には宗瑞が考案し、すすめたものであったとみていいように思われる。まさに両者は、領国支配においても共同歩調をとっていたとみなされる。

もう一通は、永正五年以降のものと推定される、八月二十一日付けで田原戸田憲光が福島助春に宛てた書状である（「大福寺文書」戦今二〇〇）。この頃、戸田憲光は浜名神戸を所領として与えられ、支配していたとみられている。これはあるいは、戸田家が氏親に従属していることにともなって与えられた所領であったかもしれない。戦国大名は、従属してきた国衆に、新恩として領国内で所領を与えることがあったからである。ここで戸田憲光は、幡教寺との間で北原という場所の領有をめぐって相論となっていたらしい。この問題は、戸田憲光が領有を主張していた場所が、氏親から幡教寺に寄進することで、幡教寺の領有に決着されることになった。書状はそれをうけて出されたものになる。

そこでは「上様」、すなわち氏親が判物を出したからには、それに従って同所を幡教寺に引き渡すことを伝え、このことを福島助春に氏親へ報告するよう依頼している。これをみると、氏親から戸田憲光への取次は、この福島助春が務めていたことがうかがわれる。それとは別に、浜名神戸の社家方について、「度々申し入れ候如く、権太方より長者御百姓一人召し置き、譴責を以て催促し候、然れども、『豆州』よりの御意に候の由に候間、兎角に及ばず候、早々一途仰せ付けられ候わば、然るべく存じ候」とある。

ここでも「豆州」とあるのは、宗瑞のことである。これによれば、戸田憲光から福島助春にはすでに何度かにおよんで申し入れていたものとして、浜名神戸社家方で「権太」という人物が同所の長百姓《おとなびやくしよう》、すなわち有力百姓一人を拘束して、年貢・公事取り立てのための譴責（暴力的な取り立て）を行っていたという。これについて戸田憲光は抗議をしているのであろうから、おそらく同地には憲光の知行分も存在していて、それに抵触する事態がみられていたのであろう。

ところがその譴責は、宗瑞の命令によるものであったことがみえている。年貢・公事の取り立ても、代官か地頭が行うものなので、これは宗瑞が同郷の直轄領分についての代官としての行為であったと理解される。そうであれば実際に譴責にあたっている「権太方」とは、ここで宗瑞の代官として実際に所領支配にあたっていた存在とみなされる。そして戸田憲光は、その譴責が宗瑞の命令によることをうけて、自分では対処できないとして、福島助春に、氏親から対処してもらえるように要請しているのである。なお、ここでの戸田憲光の所領支配に関して、今川家とはしばしば紛争が生じていた様子がうかがわれる。その後の永正七年に、戸田憲光は氏親から離叛するのであるが、その根底にはこうした紛争の存在があったかもしれない。

このように宗瑞は、今川領国において直轄領で代官を務め、そこで検地を行い、また年貢・公事を収取していたことが知られるものとなる。おそらくは他にも多くで代官を務めていたであろう。それらの状況はほとんど知ることはできないが、そうした状況をもとに考えると、宗瑞が今川家の領国支配に具体的に関わっていたこと、まさに宗瑞はそれを担う一人となっていたことがうかがわれる。

駿河駿東郡における北川殿の所領

宗瑞は当初は、駿河で所領を与えられていたと考えられる。実際にも伊豆韮山城に移るまでは、駿河山西地域の石脇城を本拠にしていたことが確認されている。その頃、氏親は山東地域の丸子館を本拠にしていたとみられるので、宗瑞はいわば、山西地域支配を担う役割にあったのかもしれない。

しかし明応四年（一四九五）頃に、伊豆北部の経略を果たして韮山城を本拠とするにともない、またそれら伊豆での経略地域を自身の所領とすることにともない、それまで有していたであろう駿河での所領は、氏親に返上されたように思われる。以後において、宗瑞による駿河西部での所領支配をうかがわせるような史料は全くみられないからである。ちなみに同じ頃に、氏親は丸子館から駿府館に移っているが、あるいはそれは、このことに関わっているかもしれない。

なお以前に、駿東郡の佐野郷（裾野市）・得倉郷《とくら》（清水町）について、宗瑞は所領として領有し、その後も領有を続けたように記したことがあるが（拙稿「伊勢宗瑞論」）、宗瑞が所領支配したことが確認される「佐野郷・徳倉郷」は、ともに伊豆におけるものとみるのが適切であった（ともに三島市）。したがって氏親の領国の駿河と、宗瑞の領国の伊豆とで、明確に区分されたと考えられる。もっとも佐野郷については、実は駿河から伊豆にまたがって存在していたものになるが、宗瑞が伊豆に侵攻した時点では、駿河分と伊豆分とでは明確に区別されていたと考えられる。そのためここでは、駿河側には、宗瑞の所領は全く残されなかったことを確認しておく。

ただしそうしたなかでも、宗瑞が支配に関わった所領が駿東郡には存在している。すなわ

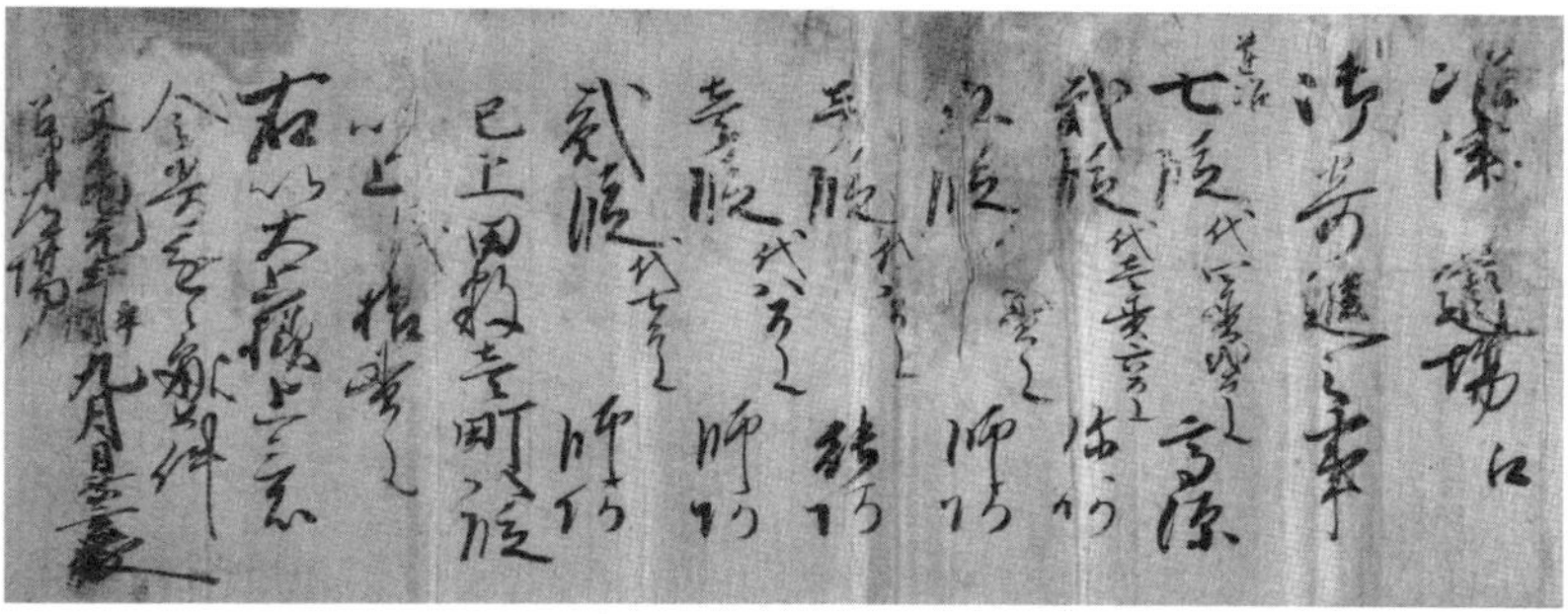

文亀元年（1501）9月付け北山殿寄進状（西光寺文書　画像提供：沼津市教育委員会）

ち沼津郷（沼津市）である。宗瑞は、永正十二年（一五一五）五月八日付けで、沼津郷の妙海寺に、諸公事免除などを認める禁制を出している（戦北三一）。そして違犯者については、連絡してくるよう述べている。文末の文言は「仍執達如件」となっているから、宗瑞が自らの権限で出した直状になる。ただし、宗瑞が伊豆などの領国では「仍如件」という文末文言で出していることと比べると、これは違う扱いになっていることがわかる。実はこの沼津郷は、姉の北川殿の所領であり、宗瑞はおそらく、その代官として支配にあたっていたとみなされる。文末文言が「仍執達如件」と丁寧になっているのは、本来的な権限によるのではなく、代行によるものであったからと理解できる。

　沼津郷に関しては、他にも北川殿の所領支配を示す文書が確認されている。最も早いのが文亀元年（一五〇一）九月に、代官もしくは北川殿の重臣とみられる乗玄が、沼津道場（西光寺《さいこうじ》）に所領一〇貫文分を寄進し、また畠地二貫七〇〇文の注文（リスト）を与えているものになる（戦北四八〇八～九）。寄進については「大上様上意」とあり、北川殿の命令によるものであることが明示されているとともに、この時期、北川殿は「大上様」と称されていたことも確認できる。前者の寄進地は一町八反で、その貫高は一〇貫文、後者の畠地注文は畠地二町二反一二〇歩、その貫高は二貫七〇〇文となっている。ちなみに、ここでは面積と貫高との間に換算関係はみられていない。その後の戦国大名検地は、面積と貫高の換算関係を成立させていくが、まだこの時期は貫徹されていない状況がうかがわれる。

同寺に対しては、永正九年三月二十四日付けで氏親から朱印状が出されていて（戦今二五四）、同寺に賦課されていた棟別役が免除されている。このことから同郷には、氏親から国《くに》役《やく》（戦国大名が領国すべての村に賦課した役）が課されていることがわかり、氏親の領国支配下に置かれていたことが確認される。北川殿は、同郷を所領として与えられていたと理解される。そのうえで宗瑞が、同郷の妙海寺に対して諸公事免除を認めているのは、北川殿から代官に任じられて、同郷支配を代行していたことによると理解されるであろう。

その妙海寺にもその後、宗瑞死去の直前となる永正十六年八月八日付けで、氏親から朱印状が出されていて、先に宗瑞が免除した内容が、あらためて氏親によって保障されている。しかもそこには、「韮山殿（宗瑞）」の「御判（判物）」の通りに、「北川殿」が免除する、というものとなっている（戦今三三四）。先の宗瑞判物が、北川殿の意向をうけて出されたものであったことが確認できるとともに、ここでは氏親が、同様に免除の朱印状を出しているものとなる。これがこの時に出されたのは、宗瑞死去の一週間前にあたることからすると、宗瑞の死去が近づいて、代官の役割を果たせなくなったため、代わって当主の氏親が支配を代行することになったことによるとみなされる。ちなみにこれが、「北川殿」呼称の初見とみられている。

駿東郡には、もう一つ北川殿の所領が確認されている。それは近隣に所在した沢田郷（沼津市）である。すでに氏親も死去した後のことになるが、北川殿が死去して半年ほどが経った享禄《きょうろく》二年（一五二九）十二月七日付けで、当時政務がとれなかった当主氏輝（氏親嫡子）に代わって、氏親後室の寿桂尼が朱印状で、沢田郷の有力住人の後藤善左衛門に対して、同人所有地についての百姓職を安堵しており、その内容について「きたかわ殿《（北川殿）》御とき、けんち《（検地）》あつて御さため《（定）》のことく」と、北川殿による規定の通りとしている（戦今四六五）。これによって同郷が、北川殿の生前には、その所領であったこと、北川殿は同郷に対して検地を行っていたことが知られる。そしてこの朱印状は、北川殿の死去により、今川家直轄領に編入されたことにともなって出されたものと思われる。

また、北川殿による知行の証拠はみられていないものの、伊豆に接して所在した大平郷

（沼津市）内の地が、氏輝（「臨済寺殿」）によって北川殿（「慈雲心月」）の菩提所として、北川殿の菩提寺であった得願寺に寄進されていたことが確認でき（戦今八七五）、さらに同郷には、北川殿の別の菩提寺として桃源院が建立されている。このことから考えると、この大平郷はかつては北川殿の所領であった可能性が高いとみられる。

このように、駿東郡には北川殿の所領として沼津郷・沢田郷・大平郷があり、かなり集中して存在していた状況がみてとれるだろう。しかもそのうち沼津郷の支配は、宗瑞が代行していたものであった。そもそもこれら駿東郡南部は、宗瑞の伊豆侵攻にともなって今川領国に編入された地域とみなされるから、それらは宗瑞によって経略されたものであったとみられる。そこに北川殿の所領が集中して存在していること、その支配は実際には宗瑞によって行われていたことからすると、氏親はそれらを北川殿の所領とすることで、氏親の領国下に置くこととの折り合いをつけたのではないか、とも思われる。

伊勢宗瑞の駿府滞在

宗瑞は韮山城を本拠として以降は、基本的には同城に在城していたとみてよい。しかしその後においても、宗瑞はしばしば駿府を訪れ、滞在していたことが想定される。現在、確認できるものとして、これまでに触れたように、明応八年（一四九九）五月の事例があった。また文亀元年の遠江侵攻、永正元年の遠江進攻、同三年の三河侵攻、同五年の三河侵攻の前後においても、当然ながら駿府に滞在したことは間違いないであろう。そしてその後についても、後において触れるように、永正七年（一五一〇）三月、同八年十一月（戦今二四三）について確認でき、同九年正月についてもその可能性が高いとみなされる。

確認もしくは推定できるものだけでこれだけみられているのであるから、おそらく実際には、もっと頻繁に駿府に赴いていたとみられるのではなかろうか。しかも永正七年三月の滞在は、後に取り上げるものとなるが、宗瑞自身は参加することはなかった遠江出陣について相談するためのものであった。このことからすると宗瑞は、氏親の軍事行動の展開にあたって、基本的には駿府に赴いて、その内容について相談していたことがうかがわれるのである。

さらには、そのような大事とみられる事柄の際だけでもなかったようである。年代は不明であるが、正月二十四日付けで今川家重臣の松井山城守宗信に宛てた書状に（戦北三九）、「此方不図罷り越し候、小用の儀共相届け、近日罷り帰るべく候」と述べていて、たいした用事ではない「小用」のことで、駿府を訪れていて、用事が済んだらすぐに帰還する、ということがみられていた。このことから推測すると、宗瑞はやはり、さまざまな用事から駿府を頻繁に訪れていた状況にあったと思われるのである。

宗瑞がしばしば駿府を訪れていたのは、宗瑞にとって、氏親があくまでも主人にあたったからであろう。駿府への参向は、氏親との間における主従関係を確認する場でもあったといえる。史料的には永正九年以降は確認されないものの、その後においてもなかったとは言い切れないことはもちろんであろう。宗瑞の心境としては、自身はあくまでも氏親の叔父として、それを支える存在であると、最後まで認識していたのではなかったろうか。その際に、いまだ姉の北川殿が生存していたということも、大きく作用していたように思う。そもそも宗瑞が氏親の補佐にあたったのは、北川殿の存在によるものであっただろうから、その姉が健在でいる限りは、終生その心づもりにあったのではなかろうか。

今川氏御一家衆の三男氏広

宗瑞には、現在のところ、その子女として、嫡子氏綱《うじつな》の他に、次男とみられる氏時《うじとき》、三男とみられる氏広《うじひろ》、四男の宗哲という四人の男子と、宗哲と同母で宗哲の姉にあたる娘（長松院殿）と、宗哲の妹にあたる娘（青松院殿）の、二人の娘の存在が確認されている。生年が確認できているのは嫡子の氏綱だけで、長享元年（一四八七）生まれである。この年はちょうど宗瑞が、氏親擁立のために初めて駿河に下向した時にあたっている。

盛時
新九郎・早雲庵宗瑞
永正16・8・15没（64）
早雲寺殿天岳宗瑞大禅定門

＝小笠原政清娘
永正3・7・18没
南陽院殿華渓宗智大禅定尼

・葛山氏娘

・善修寺殿
狩野氏娘カ
天正2・7・25没
善修寺殿梅嶺宗意大姉

氏綱
新九郎・左京大夫
母小笠原政清娘
天文10・7・17没（55）
春松院殿快翁宗活大居士

氏時
新六郎・左馬助
享禄4・8・18没
大虚院殿了翁宗達大禅定門

氏広
葛山氏養子
葛山八郎・中務少輔
天文7～8没
竜光院殿大円登雲大居士

三浦氏員妻
母善修寺殿
宗哲姉
天正13・6・14没
長松院殿月渓宗珊大姉

宗哲
菊寿丸・長綱・幻庵
箱根権現別当
母善修寺殿
天正17・11・1没カ
金竜院殿明岑宗哲大居士

青松院殿
母善修寺殿
宗哲妹
青松院殿天光貞修大姉

伊勢宗瑞とその妻子

その他の子女の生年は不明だが、三男氏広の母は駿東郡南部の国衆・葛山氏（備中守と伝えられている）の娘で、明応二年（一四九三）の宗瑞の伊豆侵攻後に婚姻したとみれば、その数年後の誕生と推測される。また四男宗哲と二人の娘の母は、伊豆狩野氏一族の娘と伝えられていて、狩野氏を屈服させて伊豆経略を遂げた同七年の後に婚姻したとみれば、それらの子女は、およそ文亀年間（一五〇一～〇四）以降の生まれと推測されるものとなる。

宗瑞の四人の男子のうち、氏綱・氏時・氏広の三人については、実名に「氏」字が冠されていることが注意されるであろう。この字は後に、北条家の通字として承け継がれていくものとなるが、彼ら兄弟がその字を冠したのは、状況からみて、氏親からの偏諱とみなされる。氏綱の元服時期は不明だが、十五歳の時のこととすれば、文亀元年のことになる。宗瑞はあくまでも今川家の一員として認識していたであろうから、子供たちには一様に氏親から偏諱を得たものとみて間違いなかろう。しかし氏綱・氏時については、当時の史料では氏親との具体的な関係はうかがうことはできない。

それに対して、今川家との関係が明確なのは、三男氏広である。永正十年（一五一三）に駿府に在所していたこと、母方実家の葛山家を継承して「葛山八郎」を称していたこと、今川家での立場は、氏親の一門衆としての「今川氏御一家」とされ、そのなかでも序列が第三位であったことを知ることができる（「駿州下向日記」『為広下向記』所収）。これを示す史料には、氏広について「早雲子也」と記されている。氏広は明応年間半ば以降の生まれとしても、すでに十五歳を過ぎていたことは確実であった。

ここで注目されるのは、氏広が今川氏御一家の立場に位置していたこと、そのことにある。そこであげられている御一家は、第一位が今川小鹿民部少輔（範満の弟の次男か、孫五郎の弟か、瀬名一秀の妹婿）、第二位が瀬名《せな》氏貞《うじさだ》（遠江今川堀越貞延の子瀬名一秀の子）で、氏広に次ぐ第四位が関口《せきぐち》氏兼《うじかね》（遠江今川氏庶流で、関口教兼の子か、瀬名一秀の妹婿）、第五位が新野《にいの》氏（遠江今川氏庶流）、となっている。葛山氏広以外は、すべて駿河今川氏・遠江今川氏の系統にあたっている。そのなかで唯一、氏広のみが今川氏の系統ではなかった。

その氏広が、御一家として位置づけられ、しかも序列が第三位とされているのは、宗瑞の子であったからとしか考えられないであろう。このことはすなわち、宗瑞とその一族は、今川家においては御一家として処遇されていたことを示していよう。ただし、後見役であった宗瑞はともかくとしても、ここに氏綱・氏時はみられていないが、それは両者が韮山城に在城していたためであろう。それに対して氏広がここでみえているのは、駿府に居住していたからと考えられる。氏広は、国衆・葛山家の当主であったが、それよりも御一家としての立場が優越し、基本的には駿府に居住していたものとみなされる。

北条氏綱像（堀内天嶺摸写図　小田原城天守閣蔵）

氏綱・氏時と今川家との関係が不明なので、それについては何とも言えないものの、少なくとも氏広については、氏親配下の国衆家の当主であったことから、氏親に出仕する立場にあり、宗瑞の子であることをもって御一家に位置づけられ、それにともなって駿府居住が基本になっていたと理解されるであろう。ここから宗瑞の一族は、氏親に出仕する立場にあれば、御一家として処遇されるものであったこと、したがって宗瑞の一族は、氏親の一門という立場にあったことがうかがわれる。

宗瑞の娘と三浦氏員の婚姻

宗瑞の子女と今川家との関係については、もう一つの事例がある。それは宗瑞にとって、知られる限りでは長女となる娘（長松院殿）が、氏親の家老筆頭とみなされる三浦次郎左衛門尉家の当主となる三浦氏員《うじかず》（上野介）の妻になっていることである。長松院殿は、およそ文亀元年（一五〇一）前後の生まれと推測されるので、十五歳で結婚したとすればそれは永正十二年（一五一五）のことになり、それからみるとその結婚は、少なくとも宗瑞の生前のことであったとみなしてよいと思われる。

そうするとこの結婚は、氏親と宗瑞との合意のもとで成されたものとみて間違いないように思われる。宗瑞とその一族が氏親の一門衆の立場にあったとすれば、その娘の結婚相手となりうるのは、他の御一家か有力家老家がもっとも相応しいものとなるから、この結婚はまさにそのような観点から取り結ばれたものであったとみられる。

そしてこのことも、当時の宗瑞とその一族と、氏親との関係の在り方を考えるにおいて重要な事柄となる。宗瑞の一族の結婚は、基本的には、今川家の関係者との間で結ばれるものとの認識があったのではないか、ということがうかがわれる。それは宗瑞とその一族が、今川家の構成員もしくは関係者とみなされていたことに繋がるものとなろう。宗瑞は伊豆・相模に領国を展開し、外部勢力からは「伊豆国主」として独立した戦国大名とみなされていた一方で、氏親と宗瑞の当事者たちの認識としては、あくまでも両者は政治的には一体のものであったと考えられていたように思われる。

ちなみに、夫である三浦氏員については、それほど史料にみられてはいないようである。明確な初見は、天文《てんぶん》十四年（一五四五）七月で、「三浦平氏員」とみえているが（「為和集《ためかずしゅう》」静一七四二）、弘治《こうじ》二年（一五五六）十一月に「三浦上野介」とみえていて（「言継卿記《ときつぐきょうき》」静二四二八）、これが終見とみられている。もっとも、その家系は次郎を通称としていたとみられることからすると、大永六年（一五二六）四月の「今川仮名目録」（戦今三九七）に、家老筆頭として「三浦二郎左衛門尉」がみえているが、これは氏員のことかもしれない。さらにさかのぼると、葛山氏広がみられた永正十年に、家臣筆頭として「三浦二郎」がみえていて、あるいはこれも氏員のことかもしれない。この「三浦二郎」はこの時、いまだ仮名を称しているから二十歳代前半以下くらいであったとみなされるので、数年後に長松院殿と結婚する相手としては整合するように思われる。

三浦家は、今川家の家臣筋であったものの、筆頭家老の地位にあったとみなされるので、宗瑞の娘が結婚する相手としては、相応しいものであった、とみることができるであろう。

宗瑞から偏諱をうけた今川家臣

氏親時代の今川家臣の実名をみていくと、宗瑞から実名盛時の偏諱をうけたのではないか、と思われる存在が何人かいる。順にあげていくと、永正十四年(一五一七)五月二十八日にみえる福島三郎右衛門尉盛助(戦今三〇三)、大永四年(一五二四)八月二十六日(戦今三七八)から同六年十一月晦日(『宗長日記』)までみられる朝比奈下野守時茂と、同じく大永四年八月二十六日から同五年八月二十八日(戦今三八四)までみられる福島盛広である。その他、長享二年(一四八八)七月二十八日からみえて(戦今六七)、大永四年四月七日に死去した興津左衛門尉(もと彦九郎か)盛綱(「名号百韻」静一〇〇九)もそれに含めることができるかもしれない。

それらのうち、福島氏の通字は「助」、朝比奈氏の通字は「泰」、興津氏の通字は「綱」であったから、それらの「盛」「時」は他者からの偏諱であった可能性が高いと想定できるであろう。そうしたところ、今川家臣のなかで、「盛」「時」を冠した実名は、この永正~大永年間にかけてしかみられていないことからすると、それらは単に偶然のものではなく、何らかの共通する理由があったことが推測されるものとなる。そして「盛」と「時」が、いうまでもなく宗瑞の実名盛時にあたることからすると、その偏諱をうけたものではなかったか、と推測できるように思われる。

なかでも朝比奈氏・福島氏にみられていることは興味深い。それらは三浦家に続く有力家老であり、朝比奈家は第二位に位置していた（「今川仮名目録」戦今三九七）。筆頭の三浦家の実名は、氏員、その子氏満というように、今川家当主から通字「氏」を偏諱として与えられていたものとみなされる。「氏」字は、先にみた瀬名氏貞・葛山氏広・関口氏兼という具合に、御一家にみられているものであるから、三浦家は御一家に準じる処遇を与えられていたことがわかる。それに対して朝比奈家・福島家については、現在のところ「氏」字の偏諱は確認されず、例えば朝比奈親徳の存在など、当主の下字を偏諱として与えられているので、その間には明確に家格の相違が存在していたことがうかがわれる。

朝比奈氏・福島氏で宗瑞から偏諱を与えられたかもしれない、朝比奈時茂、福島盛助、同盛広の、それぞれ一族における位置は明確ではないが、嫡流家ではなく、庶家であったことは確実とみられる。また、それらの今川家臣のなかでの位置なども明確にはなっていない。そのため、なぜ彼らが宗瑞から偏諱をうけたのか、その理由を追究することは難しい。この点は今後において追究を深めていくべきことといえる。

しかしともかくも、今川家臣の有力者のなかに、宗瑞から偏諱をうけたとみられる存在があったことは、宗瑞の今川家における立場を考えるうえで重要といえるであろう。家臣への偏諱は、基本的には主人である当主から与えられることからすると、後見役であった宗瑞は、それに準じる存在として認識されていたことがうかがわれる。氏広を今川家従属の国衆家の当主とし、娘を家老筆頭の三浦家の妻とし、そして有力家臣に偏諱を与えていたというそれらのことは、宗瑞が今川家の内部にあって、氏親と並んで、それを主導する側にあったことがあらためて認識できるといえよう。

第八章　別行動をとる今川氏親と伊勢宗瑞

伊勢宗瑞と扇谷上杉家の対立へ

伊勢宗瑞が三河から韮山城に帰陣した直後にあたるとみられる永正五年（一五〇八）十二月五日、甲斐国中地域《くになか》（甲斐中央部）で、武田信直と郡内小山田弥太郎の合戦があり、小山田方は当主弥太郎が戦死するという敗北を喫した。その二ヶ月前の十月四日に、対立を深めていたであろう武田信直とその叔父武田信恵が、ついに合戦におよんで、信恵一族が滅亡する事態になっていた。小山田弥太郎は信恵方であったとみられ、残存する信恵与党とともに信直と合戦にいたったが、これも敗北してしまったのである。そして残存した工藤氏と小山田平三（境小山田氏）が、その後に宗瑞を頼ってきて、韮山城に出仕してきたのである（「勝山記」）。

宗瑞に出仕したということは、工藤氏や小山田平三は、ここで宗瑞に従属する姿勢をとったことを意味している。小山田家の家督は、弥太郎の嫡子信有《のぶあり》（越中守）が継ぐが、この時はまだ年少とみられているから、有力一族であったとみられる平三や信恵与党の工藤氏らは、隣接して存在しかつ武田家とは敵対関係にある宗瑞に支援を求めてきたものとみなされる。通常であれば宗瑞が、さらには氏親が、小山田家らの支援のために、すぐにでも甲斐に侵攻することが想定される。ところが実際には、宗瑞による支援は行われていない。また氏親による支援も行われていない。

これについて理由は現在でも不明であるが、宗瑞には、ここで甲斐に侵攻する余裕がなかったとみるのが妥当な解釈といえる。そうした観点からみていくと、この時期に、扇谷上杉方との対立がみられるようになっていた状況が注意される。それは伊豆諸島支配をめぐるものであった。

宗瑞はこれより先の明応七年（一四九八）、堀越公方足利家を滅亡させたことにともなって、伊豆下田（下田市）を拠点に、御簾真敷《みすさねしき》を八丈島代官に任じて八丈島に入部させ、伊豆諸島支配を管轄させた。その具体的な内容は、太平洋海運の管理にあったとみられる。そこはそれまで、武蔵神奈川郷（横浜市）を本拠としていた有徳人の奥山宗麟が管轄していて、被官とみられる奥山忠督を代官に任じて派遣していた。この時の奥山宗麟が、山内上杉方であったのか、扇谷上杉方であったのかは明確ではない。しかし両上杉家の抗争である長享の乱が終結した時点では、同郷は扇谷上杉家の領国下に位置していたとみられるので、その時には扇谷上杉方になっていたとみなされる。

その間、宗瑞代官の御簾真敷と、奥山宗麟代官の奥山忠督との関係がどのようなものであったのかは明確ではないが、永正四年（一五〇七）に、奥山忠督が宗瑞方の拠点であった下

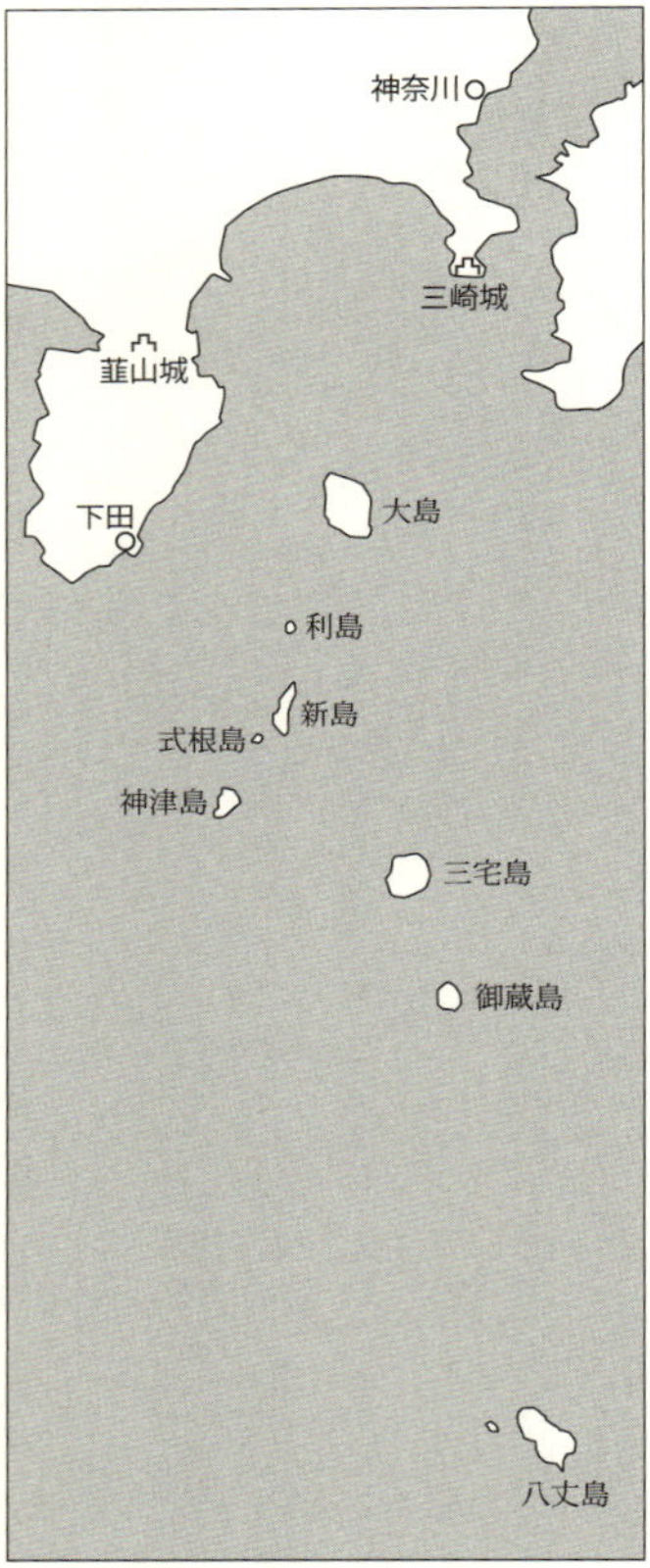

八丈島支配をめぐる関係図

田に出仕していることが伝えられている（「八丈島年代記」）。これは奥山忠督が、御簾真敷に屈服したことを意味し、これにより伊豆諸島支配は宗瑞方が確保したことをうかがわせる。そして同五年には、奥山忠督とそれに同行していた朝比奈弥三郎が、下田から八丈島に帰還しようとしたところ、宗瑞方は拘束し、神倉《みくら》島に抑留するのである。しかもその抑留は、同七年四月までのあしかけ三年におよぶものとなった。

ここに奥山忠督とともに出てくる朝比奈弥三郎は、これも八丈島に権益を有する一人で、相模三浦郡の国衆で三浦郡三崎城（新井城、三浦市）を本拠にしていた三浦道寸の被官になっていた存在であった。そして三浦道寸は、扇谷上杉家の系譜を引くその一門衆であった。

ここで朝比奈弥三郎が下田に滞在していた理由はわからない。しかし、奥山忠督が前年の出仕以来、そのまま下田に滞在していたのだとすると、それは実際には抑留であったとみなされる。そうした状況のため、三浦道寸が奥山忠督の解放を宗瑞に働きかけ、実現させようとしたのかもしれない。だが、奥山忠督と朝比奈弥三郎は、八丈島に帰還する途中で、宗瑞方に拘束されるという事態となったのである。

奥山忠督の下田への出仕、それと朝比奈弥三郎の抑留を、宗瑞自らが指示したのかまではわからない。しかしそれらの対立は、伊豆諸島をめぐる太平洋海運の流通権益をめぐるナワバリ争いであったとみなされる。御簾真敷は宗瑞を頼り、奥山忠督は扇谷上杉家を頼り、朝比奈弥三郎は三浦道寸を頼りながら、それぞれの権益確保を図るかたちにあり、ここでは御簾が奥山・朝比奈両者を押さえ込んだということになる。だが、彼らがいずれも戦国大名・国衆の被官になっていたのは、そうした権益争いを武力解決するにあたって、主人から支援を得るためであった。そのため被官化にともなって、権益の一部を年貢として上納していたに違いない。そうするとここで、御簾と奥山・朝比奈の対立が極点にまで達したということは、その後はそれぞれの主人同士の抗争の展開ということになる。

御簾による奥山・朝比奈の抑留は、永正五年のことであった。時期は不明ながらも、これによって宗瑞は、それまで長きにおよんで盟約関係にあった扇谷上杉家と、それに従う三浦家との間で、対立状況が生じつつあることを認識したものと思われる。そしてそのような事態は、この伊豆諸島支配をめぐるものだけではなく、他のさまざまな権益にもみられるようになっていたかもしれない。現在のところは、具体的に認識できるのはこの問題だけとなるが、同様の状況が拡がっていた可能性はある。そうした領国間で生じた権益対立は、大名同士の政治折衝によって紛争の抑制が図られるものの、それが互いの大名同士の政治関係の破壊をもたらすこともあった。権益を侵害された側は、相手方の主人の承認があったと理解するからである。主人同士で信頼感をもった折衝が行われない限り、やがては互いに不信感を募らせ、敵対にいたることになる。ここでの宗瑞と、相手方の扇谷上杉家・三浦家の側も、そうした状況にあったように思われる。

山内・扇谷両上杉家への敵対の決断

そして伊勢宗瑞に、扇谷上杉家への敵対に踏み切らせたのは、越後長尾為景からの支援要請であった。宗瑞は永正六年（一五〇九）八月に、長尾為景に応じるかたちをとって、ついに扇谷上杉家領国への侵攻を展開するのである。

長尾為景は、これより二年前の永正四年に主人の越後国守護・上杉房能を戦死させ、新たな越後上杉家当主として上杉定実を擁立し、越後国支配をすすめようとしていたが、この永正六年七月に、関東管領山内上杉顕定（当時は法名可諄《かじゅん》）が、実弟房能戦死への報復のため、そして旧房能方支援のために、越後に侵攻したのである。顕定は、養子憲房《のりふさ》（先代房顕の甥）をともなっていて、どうやら憲房に越後上杉家を継がせるつもりであったとみられる。顕定の侵攻をうけて、長尾為景は関東に味方勢力を求め、両上杉家への叛乱を要請した。それに応えたのが、一人は長尾伊玄《いげん》（景春）であり、もう一人が宗瑞であった。

長尾伊玄はかつて山内上杉家の家老の一人で、文明九年（一四七七）に主家に叛乱を起こした人物となる。その叛乱は長尾景春の乱と称されていて、当時の上杉方勢力を二分するほどの大叛乱であり、しかも景春が、両上杉家が抗争していた古河公方足利成氏に従うかたちをとったことで、その叛乱は古河公方足利家と両上杉家の抗争と結びついて展開されたのであった。そのため同十年、両上杉家は古河公方足利成氏とは和睦を成立させ、景春追討に専念できる状況をつくろうとした。ちなみにこの和睦が、両上杉方の鎌倉公方として存在していた堀越公方足利政知に、関東の政治勢力との疎遠化をもたらし、今川小鹿範満への支援を停止する背景にあったことは先に述べたところである。

両上杉家のこの作戦は功を奏したといってよく、文明十二年に景春を武蔵から没落させることに成功する。しかしその後も景春は、足利成氏の支援をうけながら、上野で抵抗を続けたようである。だが同十四年十一月、室町幕府と古河公方足利成氏との和睦が成立して、享徳の乱が終結すると、長尾景春も抵抗を断念して、足利成氏のもとに身を寄せるのであった。おそらくそれを機に出家して、法名伊玄を称したとみられる。ところが長享元年（一四八七）から、今度は山内・扇谷両上杉家の抗争である長享の乱が展開され、古河公方足利家の嫡子政氏は扇谷上杉家を支持し、伊玄は古河公方足利家からの援軍として派遣され、再び山内上杉家と対戦するようになっている。

しかし古河公方足利家は、明応三年（一四九四）七月に両上杉家の抗争が再開されるにあたって、山内上杉方に味方した。これにともなって伊玄は、同家を離れて扇谷上杉家に従って、引き続いて山内上杉家との対戦を継続している。ところがその長享の乱も、永正二年三月に扇谷上杉家の敗北というかたちで終結をみることになった。ここでついに伊玄は、山内上杉顕定に帰参するのである。それは三十年以上にわたって対抗し続けていた、かつての主人である上杉顕定に、再び仕えるということであった。

宗瑞はこの伊玄とは、かつて扇谷上杉家に味方していた時期に親交があったに違いなく、それは伊玄が山内上杉家に帰参した後にも続いていたようである。上杉顕定が法名可諄を名乗るのは、永正四年八月頃のことであり、その可諄の署名で出されている、伊玄に宛てた正月晦日付けの書状がある（小三三三）。その年代は、永正五年か同六年のいずれかになる。

そこでは、顕定は家臣久下信濃守が伊勢神宮に参宮したいというので、宗瑞にその通交の便宜を図ってもらうよう、伊玄に依頼している。上杉顕定と宗瑞とは、これまで政治関係を持ったことはなかったので、宗瑞と関係があった伊玄に、仲介を依頼したものと思われる。

そうすると長尾為景からの要請というのも、伊玄を通じてのものであったとみてよいであろう。宗瑞は伊玄からの働きかけであったために、それに応じることにしたのかもしれない。しかしこの決断は、その後の宗瑞の動向を決定づけるものとなる。これを契機にして、宗瑞はその生涯を閉じるまで両上杉家との抗争を展開していくことになるのであった。それは宗瑞が、この後において関東の政治勢力の一員となることをもたらすものとなったし、それだけでなくその政治的方向性は、嫡子氏綱以下の子孫歴代にもおよんで規定していくのである。

そのような観点からみると、ここでの宗瑞の判断は、まさにその後の戦国大名北条家の基本的な政治的方向性を決定づけることになるものであったといえる。しかし宗瑞が、そうしたはるか百年近く後のことまでを考えて、ここでその決断をしたのではないことは当然であろう。宗瑞は、現実に扇谷上杉方との間で生じていたであろう数々の在地における権益をめぐる紛争状況を前提に、旧交のあった長尾伊玄からの働きかけによって、決断しただけのことであったろう。宗瑞自身、それが子孫までを規定していくものとなるとは、思いもよらなかったに違いない。

両上杉領国に侵攻する宗瑞

伊勢宗瑞の扇谷上杉領国への侵攻は、永正六年（一五〇九）八月に開始された。宗瑞の領国は相模西郡までであったが、その東隣の中郡からが扇谷上杉家の領国であった。その中郡に侵攻すると、高麗寺《こうらいじ》要害（大磯町）と住吉要害（平塚市）を取り立て、中郡を制圧した。そして武蔵に進んで、久良岐郡北部の神奈川権現山城（横浜市）に在城していたとみられる上田蔵人入道を味方につけた。上田蔵人入道の家系は扇谷上杉家の家老を務める家柄であり、この蔵人入道自身、家老であったとみられる。そのような重要な地位にあったものが、宗瑞に応じたのであった。そして同月下旬には、この時の扇谷上杉家の本拠となっていた武蔵江戸城（千代田区）の近辺にまで進軍している。

扇谷上杉家の本拠は、長享の乱の時期までは、河越城（川越市）であったが、同乱の結果、上杉朝良は隠遁の身となり、家督は養子で甥の朝興《ともおき》に譲られて、朝良は江戸城を本拠とするようになっていた。また朝良はその後は出家して、法名建芳を名乗るようになっている。ただし、家政の実権は朝良が掌握し続けたため、同家の本拠はその朝良が在城する江戸城に移

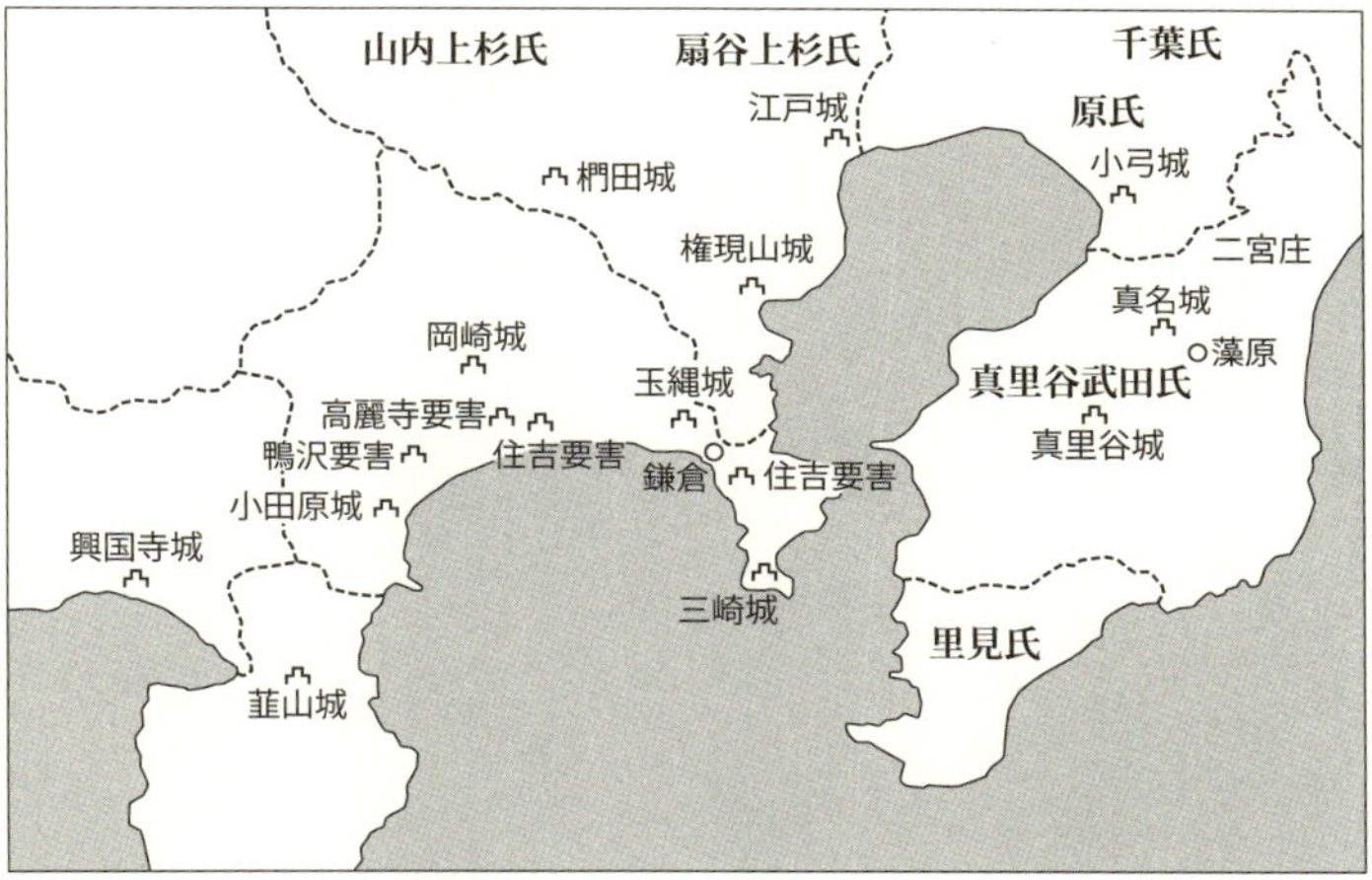

宗瑞の相模・上総進出関係図

った恰好になっていた。この時、上杉朝良は上野に在陣していた。これは山内上杉顕定との盟約によるもので、前月の七月に顕定が越後に進軍するにあたって、その間の上野の守備を依頼されて、朝良は同地に在陣することになっていたことによる。したがってこれらの宗瑞の進軍は、朝良が領国を留守にした隙を衝いたものでもあった。実際に侵攻がこの時に開始されたのは、上杉朝良が上野に進軍したためであったとみられる。

　しかし宗瑞は、これ以上の進軍はできなかったらしく、江戸城近辺での在陣を余儀なくされたらしい。扇谷上杉家でも、八月下旬の時点で、河越城の軍勢を下総国葛西《かさい》城（葛飾区）に派遣することを検討している。さすがに扇谷上杉家の本拠を攻略することは難しかったのであろう。家長の朝良が留守とはいえ、扇谷上杉家の勢力は大きく、宗瑞の軍勢だけでそれに対抗することは容易ではなかったに違いない。やがて宗瑞は退陣したものと思われる。そして十月頃には、朝良が上野から本拠の江戸城に帰還している。

しかし朝良も、宗瑞に対して直ちには反撃できるような状態ではなかったらしい。上田蔵人入道という家老の離叛は、やはり大きな戦力不足を引き起こしていたに違いない。そのため朝良は、江戸城代を務める家老の太田大和守資高《すけたか》（道灌の嫡孫）を通じて、山内上杉家の家宰で本拠の鉢形城（寄居町）で留守を務めていた長尾孫太郎顕方《あきまさ》（顕忠の子）に、何度にもわたって援軍の派遣を要請するのであった。

この後、宗瑞がどこにあったのかは明確ではない。ただし、年を越しながらも在陣を続けていたらしい。それは三月二十六日付けで信濃松尾小笠原定基に宛てた書状に（戦北二一）、新年の挨拶が遅れた理由として、「今月始めまで関東に候」と言っているので、年初からこの三月初めまで、相模か武蔵に在陣していたことがわかる。ちなみにこの文書の年代については、これまで永正三年、あるいは同六年に比定する見解が出されていた。この宗瑞書状は、実は、同じく小笠原定基に宛てられた、三月十日付け今川氏親書状（戦今一七〇）、三月二十三日付け瀬名一秀書状（戦今一七二）、四月十一日付け瀬名一秀書状（戦今一七三）と同時のものとなる。そしてそれらの文書も、これまで同様に、永正三年あるいは同六年に比定されてきたものであった。

しかし、それらの年代は成立しない。まず永正三年説については、同年九月に宗瑞が小笠原定基に出した書状に、「未だ申し入れず候」とあり、その時が宗瑞から小笠原定基への初信であることが確認できるからである。したがって、それらの文書は永正四年以降のものとなる。そして同六年説については、何よりも同年三月に、宗瑞は関東にはいまだ在陣していなかったからである。宗瑞の関東への進軍は、いまみてきたようにその年の八月から開始されたものであった。そうするとその年代は、必然的に永正七年とみなされるものとなる。あらためてそれら三月から四月までの今川家関係の書状の年代は、永正七年に比定されることを指摘しておく。

宗瑞の書状には、それに続けてこのようにある。「三河の儀について、駿州へ罷り越し、一両日以前に当国(伊豆)に罷り帰り候間、延引せしめ候」と。すなわち、三河のことで駿河に赴いて、一、二日前に伊豆に帰還した、というのである。ここにみえる三河のことというのは、他の氏親らの書状にみえている、田原戸田憲光の離叛であった。後にあらためて取り上げるが、氏親はそれに連動した敵対勢力討伐の軍事行動を展開していくことになる。宗瑞は関東から帰陣すると、氏親から召集があったのであろう、すぐに駿府に赴いていたのであった。そこではおそらく、三河進軍について相談があったことであろう。しかし宗瑞は、現に関東で扇谷上杉家と対戦を続けている状況にあるので、三河進軍には参加できないことを伝え、そのうえで三河での対応などについて協議がされたものと思われる。そして宗瑞は、二十四日頃に、駿府から韮山城に帰還したのであった。

宗瑞はその後の五月から、再び関東に進軍していくことになる。他方の氏親は、十一月には遠江に出陣していくことになる。三月の時点で、戸田憲光に対して討伐を表明しておきながら、出陣が十一月まで下るというのは、あまりにも対応が遅いといえるのではなかろうか。あるいはそれ以前に一度、出陣はあったのかもしれない。またそうでなかったとしたら、何か出陣が遅れる理由があったのかもしれない。それについてはこの間の氏親の動向について、さらに明らかにしていく必要があろう。

いずれにしてもこの時、宗瑞は氏親の軍事行動には参加できなかった。しかし結果として、その後においても参加することはできなくなるのである。それは宗瑞の関東における軍事行動が、やがて際限のないものとなっていくからであった。後から振り返ってみると、宗瑞が今川軍として軍事行動したのは、永正五年十月の三河進軍が最後になるのであった。しかしこれも、あくまでも結果からのことにすぎない。この永正七年三月の時点では、まだ宗瑞はこれからも今川家の軍事行動に関与する気でいたと思われる。それはあるいは、その死去まで抱き続けていたかもしれない。しかし周囲の情勢がそれを許すことはなくなっていくのであった。

遠江・三河情勢の悪化

この永正七年(一五一〇)から、それまで一体として存在してきていた氏親と宗瑞は、実質的には、別々の政治行動をとっていくことになっていった。それは同時に、氏親は独力で軍事行動や領国支配を統轄していくということであり、宗瑞もまた独力で、関東の政治勢力との抗争を展開していくということであった。そしてそれはまた、今川家は西へ、宗瑞とその子孫は関東へという、その後における戦国大名としての今川・北条両家の基本的な方向性を規定していくことにもなるのであった。

この後の動向については、氏親と宗瑞は別個に展開されていくために、ここからは別々に述べていくことにしたい。まずは早い時期から動きがみられていた、遠江・三河での情勢から述べることにしよう。

三月十日、氏親は小笠原定基に送った書状で、田原戸田憲光兄弟が数年従属していたので、度々支援してきたにもかかわらず、近日「敵」に味方したため、報復のため攻撃することを述べている。すなわち、戸田憲光は氏親から離叛したのであった。それが味方した「敵」は明示されていないが、その後の状況から判断して、尾張斯波家とみなされる。ここで氏親は、小笠原定基への取次に、御一家衆の瀬名睡足軒《すいそくけん》一秀をあてており、一秀は同月二十三日に小笠原定基に書状を出し（戦今一七二）、今川方では遠江二俣城（浜松市）を取り立てたことを伝えている。

瀬名一秀は、遠江今川氏の嫡流であった今川堀越貞延の長男で、父貞延戦死後は、菩提寺の見付海蔵寺（袋井市）の僧侶となっていたところ、氏親の自立をうけてであろう、氏親に仕えて、堀越家の旧領であった駿河山東地域の瀬名郷（静岡市）を所領として与えられ、同地を家号としたものであった。軍記物では氏親に仕えて還俗したとされているが、その事実は確認されていない。その嫡子が先に御一家第二位としてみえていた氏貞であった。瀬名一秀は、その後の四月十一日にも小笠原定基に書状を出しているが（戦今一七三）、ちなみにそれが一秀の終見になっている。

ここで瀬名一秀が氏親から小笠原家への取次を務めているということは、氏親の外交に参加していたことを意味している。それまでそのような役割は、もっぱら宗瑞が担っていたといえるが、今回になって宗瑞は関与できない状態であったため、御一家の有力者であった瀬名一秀があたることになったとみられる。これは御一家の対外的な政治行動としては最初になるが、それは宗瑞の不在に関わっていたことがうかがわれる。

ここで氏親は、斯波方への拠点として二俣城を取り立てている。同城はかつて斯波方の拠点であったものとなるが、氏親はあらためて、同城を遠江中部の拠点として位置づけることにしたことがうかがわれる。そして四月四日に、斯波方から攻撃をうけたことが知られ、今川方はこれを撃退したらしいが、それにあたって防衛協力のために入城してきた近辺の村々があったようで、五月二十三日に同城に在城している某が、それらの村に棟別諸公事を免除している（戦今二二三二）。このように敵から攻撃をうけた際、近辺の村が軍事協力して大名の軍事拠点に在城して防衛にあたることは、戦国時代には一般にみられたことであった。そして戦国大名はそれに対して、租税の減免で応えるのであった。ここでの措置はまさにそれにあたるものと理解される。

しかし、発給者が明記されていないため、現在でもその発給者は不明である。ただし袖に「御判」とあり、諸役免除を行っているから、それを行いえたのは氏親しか想定できず、あるいはそれは氏親が出したものかもしれない。その文書は「二俣城より」と記されているので、同城から出されたものであった。もし発給者が氏親であったなら、この時、氏親は同城に在城していたことになる。

なおこの頃、氏親は将軍足利義尹から、修理大夫の官途を与えられたとみなされる。氏親は三月十日付けの書状では、「源氏親」と署名していて、この署名の仕方はまだ官職名を名乗っていないものになるから、この時まで、まだ仮名五郎を称していたことがわかる。その後、翌同八年四月二十九日には「今川修理大夫氏親」と記されているので（「小野宮殿集奥書」静五三五）、その間に修理大夫の官途を与えられたことがわかる。ちなみに永正七年十一月から、氏親はしばらく遠江に在陣することになるので、任官はその出陣よりも以前のことであった可能性が高いであろう。この時、氏親はすでに三十八歳になっていた。任官にも少し遅い気がするが、なぜこの時になって任官したのか、その理由の追究は今後の課題であろう。

しかもこの修理大夫という官途は、今川氏にとっては初めての事例であった。父義忠は治部大輔、祖父範忠は民部大輔であり、そうした先祖が名乗ってきたものとは所縁のないものであった。ではなぜ、氏親はこの官職を名乗ったのであろうか。今川氏所縁のものでないことからすると、幕府との関係、あるいは他の大名家との関係などのことが想定されるが、明確になってはいない。修理大夫の官途は当時、有力国持《くにもち》大名のものとして認識されるようになっていたらしいというから（木下聡『中世武家官位の研究』）、そうした観点によったのかもしれない。

また、任官にともなって位階に叙されたはずであるが、その内容を示す史料は存在していないようである。当時の通例からすると、従五位下《じゅごいのげ》であったと推測されよう。しかし、その後の今川家の家格は従四位下《じゅしいのげ》を与えられ、それとともに幕府相伴衆《しょうばんしゅう》（大名衆で最高の家格）

とされたとみなされるので、おそらくは氏親の段階で、そうした家格が与えられたものと推測されるものの、時期などは明らかにならない。これらの点の追究も今後の課題であろう。

宗瑞と両上杉軍の抗争

一方、三月末に駿府から韮山城に帰還した宗瑞は、五月には山内上杉家領国に侵攻し、椚田城（八王子市）を攻略、城主であった山内上杉家家老の大石源左衛門尉（顕重か、のち法名道俊）を、由井城（八王子市）に後退させた。この時には、長尾伊玄も宗瑞とともに長尾為景に与同し、明確に山内上杉家から離叛して、相模津久井《つくい》城（相模原市）を占拠して蜂起していた。このことについて山内上杉顕定は、再度の謀叛として激しい怒りを示すのであった。そして宗瑞の軍勢が多西郡に進軍できたのは、その手前に位置した津久井領を伊玄が占領していたからであった。このことからすると、この時の宗瑞と伊玄の行動は、協調して行われたものとみなされよう。

また、それに歩調を合わせるようにして、伊豆諸島支配をめぐる宗瑞方と扇谷上杉方の対立も顕在化している。四月に、以前から神倉島に抑留されていた扇谷上杉方であった奥山忠督と三浦方であった朝比奈弥三郎は、同島から八丈島への帰還が認められている。これは権現山城主上田蔵人入道が宗瑞方となっていたため、奥山氏の拠点の神奈川郷（横浜市）も同様に宗瑞方になったことで、味方として解放されたものとみられる。それに対して五月、相模三浦郡の国衆で扇谷上杉方の三浦道寸が、家臣北村秀助を八丈島に派遣して、奥山忠督と合戦している。

ところが六月、越後に侵攻していた山内上杉顕定が同国で戦死するという事態になり、養子憲房をはじめとする越後に進軍していた山内上杉軍は上野に後退、白井《しろい》城（渋川市）に在城して敵方に備えた。そこに津久井領にいた長尾伊玄が、上野国衆の沼田氏と連携して、長駆して上野沼田領に進軍し、憲房と対峙するのである。こうした山内上杉軍の敗軍をうけて、扇谷上杉朝良は、山内上杉家から武蔵の軍勢を援軍として派遣してもらうのであった。そして宗瑞方への反撃を展開するのである。

まず七月十一日から権現山城が攻撃をうけ、同十九日に落城した。城主上田蔵人入道は扇谷上杉家に帰参したとみられる。また八月から九月にかけてとみられるが、三浦道寸が三浦郡から中郡に進軍してきて、同郡の住吉要害はこれに攻略された。そして上杉朝良と三浦道寸は合流して、津久井城はこれに攻略された。こうして宗瑞が経略していた相模中郡から武蔵久良岐郡の地域は、扇谷上杉方に奪回された。さらに長尾伊玄が占領していた津久井領も経略され、その頃には多西郡椚田城も武蔵の山内上杉方に奪回されたとみなされる。

それだけではなかった。十月には上杉朝良はそのまま西進してきて、宗瑞の領国であった相模西郡に侵攻してきた。そしてその軍事拠点であった小田原城まで攻撃されてしまうのであった。さすがに同城の防衛は果たし、上杉朝良は長期の戦陣であったため、一旦は退陣する。しかし十二月になって再び西郡に侵攻してきて、九日、同郡の最前線に位置した鴨沢《かもざわ》要害（中井町）が攻撃されている。城内から討って出て合戦となっているので、これによって撃退したものと思われる。

こうして宗瑞は、当初は扇谷上杉領国のかなりの部分を経略したかたちになっていたが、その反撃をうけてそれらの地域を奪還されてしまったのであった。しかもそれにとどまらず、逆に領国の西郡まで侵攻をうけ、その拠点であった小田原城を攻撃されるという事態になってしまっている。この前年からの両上杉領国への侵攻は、文字通りに失敗に帰したのであった。そして宗瑞は、それから翌同八年十一月までの間に、扇谷上杉家と和睦を結ぶのである（戦今二四三）。

今川氏親の遠江進軍

その後、遠江では、吉良家臣でもと浜松庄奉行であった大河内貞綱が、浜松庄を経略して、復帰してきた。いうまでもなく斯波方の支援をうけてのことであったろう。それに対しては、十月一日に家老の福島和泉守範為《のりため》が村櫛庄の大沢氏とその同僚の中安氏に宛てた書状で（戦今二三五）、浜松庄の拠点である引間《ひくま》城攻撃のために進軍したものの、雨が続いたために天竜川を渡れない状態となっていたが、近日中に進軍することになったと記している。

しかし、今川軍の進軍はそれからも一ヶ月ほど遅れたらしく、十一月一日に、駿河藤枝（藤枝市）に先陣として在陣していた朝比奈泰凞は、大沢氏に宛てた書状で（戦今二三六）、今日のうちに氏親が藤枝まで進軍してくること、明日は朝比奈泰凞の本拠の懸川城（掛川市）に着陣すること、三河衆が何万騎であろうとも、合戦は容易であることを述べている。ここにきてようやく、氏親が遠江に向けて進軍したことがわかる。また朝比奈泰凞は、三河衆が大軍であったとしても、容易に勝利できると述べているが、これは甘い見通しであったといわざるをえない。これから氏親は、斯波軍とそれに味方する遠江の叛乱勢力と三河衆を相手に、数年にわたって抗争を展開することになるのであった。

十一月二十三日、先陣の朝比奈泰凞は引間城の近辺まで進軍して着陣し、氏親は二十五日に天竜川を越え、二十六日に引間城攻めにあたることを予定にしていた（戦今二三七）。おそらくはその通りにされたものと思われる。この時は、引間城を攻めて、大河内貞綱を自害させるところまでいったものの、浜松庄の領主の吉良義信から嘆願があり、同庄奉行を解任することで合意が成立し、大河内貞綱は赦免されて三河に退去となった。これをうけて氏親は、一旦は帰陣したという（『宗長日記』）。ただし、大河内貞綱はその後も引間城に在城したとみられるので、三河への退去は一時的なものであったとも考えられる。

ところが直後の十二月二十八日に、斯波家当主の斯波義達《よしみち》（義寛の子）が自ら、遠江井伊《いいの》谷《や》領の国衆・井伊次郎の領国を経由して三河から遠江に進軍してきて花平《はなだいら》（浜松市）に着陣

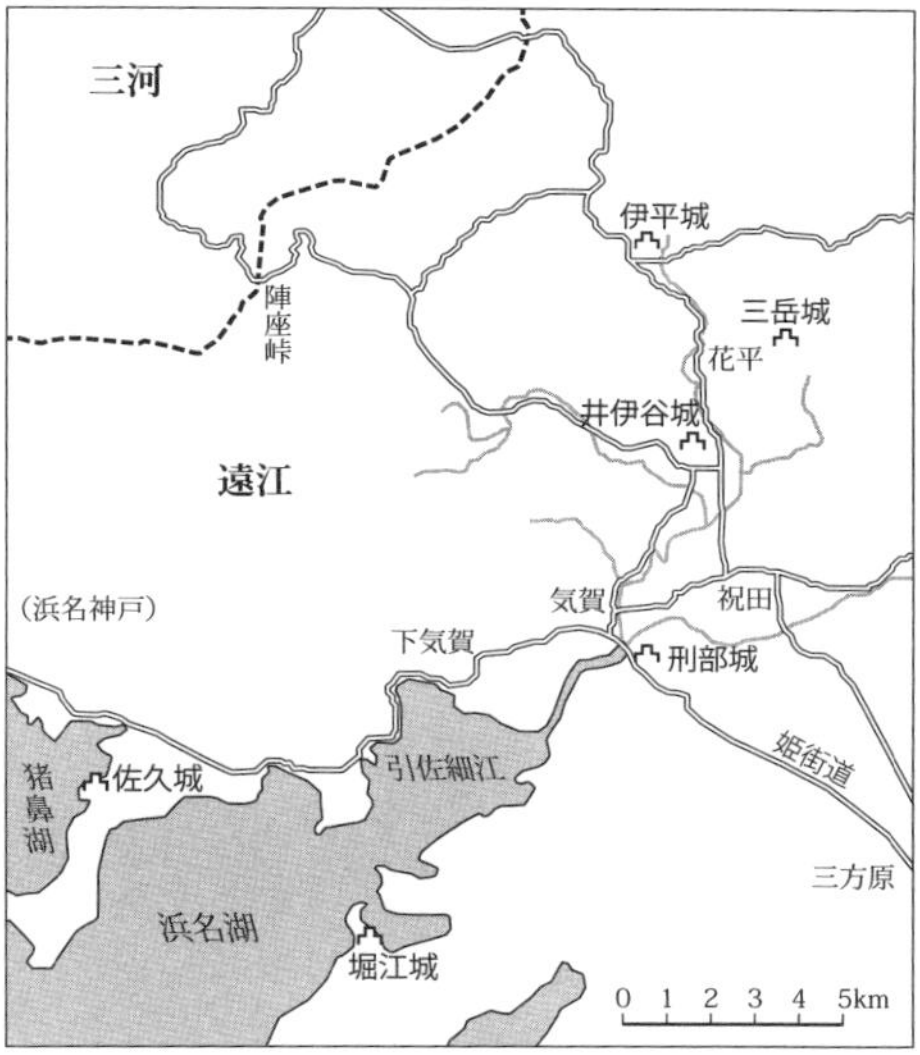

浜名湖北岸略図（鈴木将典『国衆の戦国史』所収図を転載）

してきた（以下の経緯は戦今二五五）。これは大河内貞綱の働きかけによったものであったらしい（『宗長日記』）。またこの時に井伊次郎は離叛して、斯波方に味方したとみなされる。なお翌永正八年正月一日に、有力家老の朝比奈泰凞が死去してしまっている（「述懐百韻」静五五二）。嫡子の泰能《やすよし》は年少であったため、しばらくは泰凞の弟の弥三郎泰以《やすもち》が補佐することになる。斯波方が侵攻してきた直後のことであった

から、今川軍にとっては大きな打撃であったろう。

両軍の対戦は、その直後の正月五日から開始され、花平・御嶽《みたけ》に陣する斯波方に対して、今川方は刑部《おさかべ》・気賀《きが》を拠点にしたらしい。一進一退の攻防であったようで、その抗争はさらに年をまたいで、永正九年閏四月三日まで続いている。その日に今川方は、井伊家の領国の井伊谷まで侵攻して斯波軍を攻撃している。その後、斯波軍は積極的に行動してくることはなくなったらしい。

この間の永正八年十一月、宗瑞は駿府に滞在していた。それは十一月八日付けの今川家の家老・福島範為の書状にみえていて、「関東の事、河越（扇谷上杉朝良）と早雲（宗瑞）和談の間、一方隙明け候、西口の儀も此の上に候条、早雲庵相談さるるの間、猶々安に候」「早雲庵も此の間、当地に在る事に候」とある。すなわち、関東のことは、扇谷上杉家と宗瑞との間には和睦が成っているので、一方の軍事行動は終了していて、西方の遠江での軍事行動について、氏親は宗瑞と相談しているので、心配はいらない、といい、また宗瑞は今は「当地」に在所している、と言っている。

これによってこの時期までに、宗瑞は扇谷上杉家と和睦を結んだことが確認される。両者の抗争は、前年十二月までしか知られていないので、それからしばらくのうちに和睦が結ばれたとみなされる。宗瑞にとって、扇谷上杉家はいまだ強敵であり、和睦を余儀なくされたということであろう。そしてこの時には、「当地」に滞在していたことがわかる。この「当地」は、駿府とみて間違いない。この時期、氏親は駿府に在所していたとみなされるので、宗瑞はそうしたなか、斯波方との抗争について相談するために、駿府に来ていたと考えられる。こうしたところに、常に氏親の動向を気に懸けていた宗瑞の姿をみることができるであろう。

そして宗瑞の駿府滞在は、年をまたいで翌永正九年まで続いたように思われる。永正九年の正月頃に、上野から敗退していた長尾伊玄が、「早雲刷」すなわち宗瑞の斡旋によって、この時には駿府に滞在している（小三三八）。長尾伊玄は、永正七年のうちには上野から敗退していて、同八年には、甲斐郡内から武蔵に進軍して、山内上杉方を攻撃している（「勝山記」）。甲斐郡内を通過しているということは、駿河からの進軍である可能性が高いとみられ、そうであればすでにその時に、伊玄は宗瑞の斡旋により、氏親の庇護をうけるようになっていたのかもしれない。そうすると宗瑞は、氏親と斯波方との抗争の件に加えて、この長尾伊玄への支援のために、駿府に滞在していたとも考えられる。この時の宗瑞の駿府滞在は、前年十一月から翌年正月までと、それなりの長期にわたっていたことがうかがわれる。

さて、今川方が永正九年閏四月に井伊谷に侵攻した後、斯波軍の行動がみられなくなったことをうけてであろうか、氏親は再び出陣して引間城攻略に向かうことになったとみられる。

しかし原川（掛川市）に在陣したまま、一向に攻め懸からないという状況であったらしい（戦今二五五）。その後の氏親の動向は明確ではないが、八月一日に懸川城近くの垂木郷（掛川市）に棟別役免除の朱印状を出していることをみると（戦今二五七）、その頃までは懸川城近辺への在陣を続けていたのかもしれない。だが、十月十一日には幕府直臣の飯尾近江守貞運に書状を出しているところをみると（戦今二五九）、その時には駿府にいたとみなされるから、その間に一旦、帰陣したと思われる。

その後に今川軍の動きがみられたのは、翌永正十年になってからのことになる。氏親は二月頃には出陣したとみられ、大河内貞綱が拠っていた引間城近くの笠井庄（浜松市）に着陣した。そのうえで朝比奈泰以らの軍勢は、井伊谷領に在陣する斯波義達との対戦に向かい、大菩薩山に着陣し、斯波義達・井伊次郎の御嶽城を攻撃、三月七日にこれを攻略した。これにより斯波義達は尾張国に後退した（『宗長日記』）。こうして氏親は、斯波軍を遠江から後退させ、井伊家を再び従属させたとみなされる。

引間城の大河内貞綱については、氏親はその主人の吉良義信に、大河内貞綱引き取りのため軍勢を派遣するよう、これまで何度も要請していたらしい。それはすなわち、氏親に味方する態度をとることを明確に促すものであった。おそらく斯波軍が敗退したためであろう、吉良義信は氏親に味方することにして、家臣荒川播磨入道を氏親のもとに派遣した。おそらくはこれによって大河内貞綱は引間城から出城し、三河に退去したとみられる。これをうけて氏親は、浜松庄支配を吉良義信に返還することにしている（戦今三〇二）。吉良家臣のなかで親今川派であった飯尾賢連が同庄奉行に任じられるのは、おそらくはこの時のことと推測される。

こうして氏親は、永正七年から続いていた遠江における叛乱勢力を、取りあえずは排除することに成功したのであった。それには足かけ四年を費やしているのであり、あらためてその鎮圧が容易ではなかったことがわかる。またそれらの経緯については、これまでの研究では、必ずしも充分には整理されていなかったように思われる。しかし、以上に述べてきたような経緯であったと理解できるように思う。

氏親と宗瑞、それぞれの道

氏親と宗瑞は、永正九年（一五一二）初めまでは、たとえ同陣するということがなかったにしても、宗瑞が駿府を訪れて、軍事行動などについて氏親と協議するという関係にあった。しかしその後は、そのようなことは確認されなくなっている。もちろん先にも述べたように、宗瑞の娘（長松院殿）と氏親の筆頭家老の三浦氏員との結婚があったように、両者の交流がなくなったわけではなかったし、宗瑞は「小用」でも駿府を訪れていたとみられるから、その後においても宗瑞の駿府訪問がなくなったわけではなかったとみなされる。だが、これまでにみてきたような、互いの動向が関係し合うような状況は、具体的には確認できなくなるのも事実である。

この後のそれぞれの動向は、それぞれに焦点をあてて取り上げるのが適当なものとなっている。したがってその詳しい内容は、それぞれの評伝において取り上げられるべきものと考える。そのため以下では、主に軍事行動の内容を中心に、その動向の概要を述べるにとどめることにしたい。

氏親については、事態の展開上、永正十年三月までの状況を述べてきたが、ここにいたって数年前から続いていた遠江の叛乱状況を克服したものとなった。その間、宗瑞は、永正九年八月から、扇谷上杉家との和睦を破棄して、再び同家領国である相模への侵攻を展開している。そのため宗瑞の動向から述べていくことにしよう。

宗瑞の永正九年からの行動の前提には、その前年の永正八年九月には開始されていた山内上杉家の家督をめぐる内乱があり、これが古河公方足利家の内乱と連動して展開されていったことがあげられる。山内上杉家の内乱は、永正九年六月に憲房が勝利した。扇谷上杉朝良は両勢力の和睦を図ったが失敗し、その後は山内上杉憲房との抗争を展開していった。宗瑞が再び扇谷上杉領国への侵攻を開始したのは、そうした状況を踏まえてのことであったとみなされる。

宗瑞は、永正九年八月に相模中郡・東郡を経略、十月には東郡の軍事拠点として玉縄城（鎌倉市）を構築している。そして十二月には武蔵久良岐郡南部を経略していることが確認されている。翌同十年正月、扇谷上杉方の三浦道寸と合戦、道寸がその本拠の三浦郡三崎城（三浦市）に後退すると、追撃して四月には同城を攻撃している。その一方で七月、東郡と三浦郡の境目にあった三浦方の前線拠点であった住吉要害（逗子市）を攻略し、道寸を本拠三崎城に封じ込めている。

これに対して両上杉家は永正十一年三月に和睦を成立させ、五月には扇谷上杉家の家宰・太田永厳が相模西郡まで侵攻をみせている。六月から九月の頃とみられるが、宗瑞は久良岐郡北部となる神奈川郷（横浜市）を攻撃したらしい。それに連動して、八丈島における両勢力の抗争も激化していったことが知られている。その抗争は、同十二年六月に宗瑞方の勝利によって終結したとみられる。そして同十三年の半ば頃、扇谷上杉朝良は、嫡子朝興を大将とする軍勢を相模中郡に侵攻させるが、宗瑞方はこれを撃退した。そしてそのまま三崎城攻撃を展開し、七月十一日に同城を攻略、三浦家を滅亡させた。これによって宗瑞は、相模一国の経略を遂げ、伊豆・相模二ヶ国を領国とする戦国大名となっている。

その後は十一月に、今度は三浦半島対岸の房総半島の上総に侵攻している。上総では真里《まり》谷《やつ》武田家と下総小弓《おゆみ》原家との抗争が展開されていて、宗瑞は真里谷武田家に味方したものであった。翌同十四年にも上総に侵攻して、東上総の二宮庄真名《まんな》城（茂原市）攻略に参加している。閏十月にはそれと連動して、家臣伊奈盛泰が江戸湾で軍事行動を展開している。そして同十五年二月、東郡北部に軍事行動しているが、これはおそらく山内上杉方の多西郡への侵攻を示していると思われる。そしてこれが、現在のところ確認される宗瑞の軍事行動として最後のものになっている。

氏親のほうは、永正十一年には軍事行動はなく、翌同十二年十二月から、今度は一転して甲斐に侵攻している。甲斐ではその年十月から、武田信直と、甲斐西郡の国衆・武田大井《おおい》信《のぶ》達《さと》との間で抗争が展開されて、大井信達は氏親を頼ってきたのであった。信達の嫡子信業《のぶなり》は、今川氏御一家の瀬名氏貞の妹を妻に迎えているが、その婚姻もこれによって成されたものと思われる。そして氏親は、大井家支援のために侵攻したのである。同十三年九月にも甲斐に軍勢を派遣し、甲斐中央部の国中まで進出して勝山《かつやま》城（甲府市）を取り立てたものの、武田方に攻囲される状態になった。同年十二月には、別の軍勢を郡内吉田（富士吉田市）にも派遣し、同十四年正月には合戦となっているが、ここでは和睦して後退している。

そうしたところ正月二十二日、氏親は勝山在城衆の救出のため、武田信直と和睦することにし、連歌師の柴屋軒宗長《さいおくけんそうちょう》にその斡旋を依頼、三月二日に和睦が成立して在城衆二千人の退却が成っている。その直後の四月から、尾張斯波義達が再び遠江に侵攻してきて、あの大河内貞綱らが引間城を再び攻略してきた。それらの動向はすでに前年末から開始されていたとみられている。氏親は六月に入って攻略のため遠江に進軍、引間城攻撃を開始し、八月十九日に攻略した。斯波義達を拘束すると尾張に送還し、大河内貞綱らは自害した。そして氏親は九月七日に帰陣している。この後において遠江における戦乱状況はみられなくなる。これによって氏親は、ようやく本当に遠江の領国化を完成するのであった。

また三河では、それら斯波方の動向に同調して、田原戸田憲光が信濃諏訪信濃守の支援を得て、東三河における今川方の拠点であった舟形山城《ふながたやま》（豊橋市）を攻略していた。そのため翌同十五年正月に、懸川城主朝比奈泰能の後見の朝比奈泰以が、三河に進軍してこれを奪還している。この後、今川軍の三河への進軍はみられなくなるので、これによって東三河の情勢も安定化したものとみられる。こうして氏親は、遠江と東三河の支配を安定化させたのであった。五月には、郡内小山田信有との間で和睦を成立させている。これにより甲斐勢力との抗争も、とりあえずの終結をみたといえる。

しかし、武田家との抗争はそれで終わらなかった。以下は宗瑞が死去した後の動向になるが、その動きを簡単にみておくことにしたい。

大永元年（一五二一）までに武田信直は、氏親に従属する穴山武田家以外の国内勢力をすべて従属させていて、同年になっていよいよ穴山武田家攻略をすすめたらしい。これに対して二月二十七日、おそらく援軍としてであろう、氏親は軍勢を穴山武田家領国の河内領に派遣している。四月に信直は左京大夫に任官、実名も信虎にあらため、国持大名としての家格を確立させた。さらに七月十五日、穴山武田信風《のぶかぜ》（信懸の子）から氏親に人質として出されていた武田八郎が甲斐に帰還した。これは穴山武田家が、氏親から離叛して武田信虎に従属したことを意味している。これによって氏親は、甲斐における勢力を失うことになった。八月二十八日に信虎は味方になった穴山武田家支援のため河内領に進軍、在陣する今川軍はこれに敗北している。それへの報復として九月、氏親は家老福島氏を大将とした軍勢を国中に侵攻させるのであったが、十月に飯田《いいだ》河原《かわら》で、十一月に上条《かみじょう》河原《かわら》（甲府市）での合戦で敗北した。軍勢は富田《とだ》城（南アルプス市）で籠城を続けることになったが、翌同二年正月十四日に、和睦して後退した。

　このように氏親の甲斐侵攻は、武田信虎の戦国大名化にともなって阻まれるものとなった。しかし、武田家との抗争は決して終息したのではなかったらしく、その後の具体的な状況を伝える史料は確認されていないものの、大永五年の時点でも「駿河と甲州は未だ和睦無し」（「勝山記」）とあるし、氏親の死去直後の同六年七月晦日には、武田信虎が駿東郡御厨に進軍してきて梨木平（小山町）で合戦となっている。そして同七年六月三日、年少の当主氏輝を後見していた氏親後室の寿桂尼の判断によるのであろう、武田信虎との間に和睦を成立させ、ようやくに武田家との抗争は終息するのであった。

宗瑞の死去と北条改称

宗瑞の軍事行動は、先に触れたように永正十五年（一五一八）二月におけるものが最後であった。その後は九月に、直轄領での公事収取に関して制度改革を行い、公事賦課については直接、村にその内容を示すものとして、虎朱印を押捺した朱印状を発給する制度を構築した。これこそが、戦国大名が納税主体である村に対して、直接に文書発給する仕組みとしての印判状の最初になる。十月には、実際にその運用が開始されている（拙著『戦国大名の危機管理』）。

翌同十六年四月二十八日には、四男菊寿丸（のち宗哲）に、所領を譲与している（戦北三七）。ここで所領を譲与しているということは、宗瑞の隠居が近いことをうかがわせる。そしてこれを最後にして、宗瑞の具体的な動向は確認されなくなる。代わって七月には、嫡子氏綱が軍勢の惣大将となって、上総二宮庄藻原《もばら》（茂原市）に侵攻している（戦北四六〇八）。

このことからすると宗瑞は、その四月末から七月までの間に隠居して、嫡子氏綱が伊勢家当主になったのではないかとみなされる。

宗瑞は隠居後もそのまま韮山城に在城したとみなされる。対して氏綱は、それより以前から、相模西郡の拠点であった小田原城に在城するようになっていて、宗瑞の相模経略が展開された時期には、同城に在城して相模支配の一部を担うようになっていたと推測される。そして家督を継ぐと、それがそのまま伊勢家の本拠とされたのであった。

そして宗瑞は、その年の八月十五日、韮山城でその生涯を閉じるのであった。享年は六十四、法名は早雲寺殿天岳宗瑞大禅定門とおくられた。遺骸は伊豆修禅寺で葬送して荼毘《だび》にふされた。そして遺言により、相模箱根湯本《はこねゆもと》（箱根町）に菩提寺を建立することとされたという（「異本小田原記」）。そして菩提寺として早雲寺が建立されることになるが、それはそれから十五年ほど経った後のことになる（拙稿「北条氏綱論」拙編『北条氏綱』所収）。そうするとその間は、韮山城近くの寺院に埋葬されていたのかもしれない。

長享元年（一四八七）に初めて駿河に下向してから足かけ三十三年、ちょうど人生の後半を東国で過ごしたかたちになっている。そしてそこでは、伊豆を領国化して今川氏御一家の立場にありながらも独立した戦国大名として存在するようになり、さらには相模一国・武蔵の一部までを領国に加えて、一代で伊豆・相模二ヶ国の戦国大名になったのであった。遺言で箱根湯本に菩提寺を建立するようにいったのは、その後の伊勢家の動向が関東中央部に向けて展開され続けることを見越して、それを見守るためのものであったように思われる。この後の伊勢家は、関東で存在していくことを、宗瑞自身も自覚していたに違いない。

宗瑞の死去にあたって、氏親がどう反応したのかは史料がなくて不明である。宗瑞死後の伊勢家領国に関しては、翌年の同十七年三月十四日に、西伊豆の那賀《なか》郷（西伊豆町）の三島社大禰宜職《おおねぎしき》を安堵する氏親の判物が出されている（戦今三四三）。これは受け取り側からの申請によったであろうから、氏親も申請があったから出したにすぎなかったと思われる。しかしこれをもとにすれば、宗瑞の死去をうけて、伊豆の住人のなかには、氏綱ではなく、氏親に保証を求める動きもあったことがうかがわれる。それは、伊勢家は今川家の配下の存在という認識が、一定程度共有されていたことをうかがわせる。

しかし、こうしたこともこれが唯一の例となっていて、その後は全くみられていない。氏親の側も、宗瑞の領国は、自らの領国とは別物であること、宗瑞の死後、それらは従弟である氏綱が管轄すべきものと、はっきりと認識していたものと思われる。

氏綱は、宗瑞が死去した時期に、敵対関係にあった扇谷上杉家との間で和睦を成立させていた。そしてその後は、代替わりにともなう政策を行い、また宗瑞が果たせなかった伊豆・相模の有力寺社の再建をすすめて、伊豆・相模の正統な支配者としての立場の確立に専念している。それは宗瑞が、山内上杉家などの関東勢力から「他国の逆徒」、すなわち「よそ者の侵略者」のレッテルを貼られていて、政治的非難をうけていたため、伊豆・相模両国主に相応しい姿を構築しようとしたものとみなされる。

そしてその志向ゆえに、大永三年七月十六日から九月十三日の間に、名字を伊勢氏から北条氏に改称するのであった（拙稿「北条氏綱論」）。いうまでもなく、北条名字は「前代」鎌倉時代において相模国主の地位にあった執権北条氏に因むものであった。「当代」室町時代の政治秩序のなかでは、正統な相模国主は守護・扇谷上杉家となっていたから、これに対抗するためであった。また関東の政治秩序においては、上杉氏が関東管領職を相承していたことから、その名字は「関東の副将軍」と認識されており、それに対しても北条名字は、「日本の副将軍」の名字として認識されたものであったから、そこでもそれに充分に対抗できるものとなった。

氏綱が北条名字に改称したのは、関東政界において上杉氏に対抗しうる立場を確保するためであったことは確実であった。ここでの改称は、まさに氏綱による両上杉家への敵対宣言に等しいものといえる。そして実際にもその翌年から、氏綱は両上杉家領国に対して本格的な侵攻を展開していくのであった。そしてこの名字改称こそ、戦国大名北条家の誕生を意味した。それは同時に、今川家御一家として存在していた伊勢家から完全に脱して、名実ともに自立した戦国大名家としての展開をもたらすものとなっていくのである。

氏親と北川殿の相次ぐ死去

氏親は先に触れたように、その死去まで甲斐武田家との抗争を展開していた。ただしそのなかで氏親自身の出陣は、明確には確認されていない。氏親の出陣は、永正十四年（一五一七）の遠江進軍が最後になっているようであり、その後の軍事行動において、その出陣は確認されていない。その年、氏親は四十五歳になっていることからすると、そろそろ出陣は難しい状態になりつつあったのかもしれない。そのためその後の軍事行動では、大永元年（一五二一）の甲斐侵攻が家老福島氏を惣大将として行われたように、家老によって担われるものとなっていたとみられる。

ちょうどその頃（死去の十年前）、氏親は「御心も中風気につきて、御成敗の儀も、調儀の御思案も、いかにぞやと、承り及び候のみ」（『宗長日記』）という状態になっていたという。気持ちが「中風」のようになっていたというから、精神が不安定であったようで、いわば鬱《うつ》病に罹《かか》ってしまい、領国統治も軍事行動についても、報告をうけるのみで、独自の判断は示さなかった、というのである。実際にも、最後の出陣となっていた永正十四年の引間城攻略後について、氏親自身が「去年八月下旬、引馬城攻崩候、其以後者、所労以外候」と述べているのである。以後における体調不良は本人も自覚したものであった（戦今三一七）。そうすると出陣がみられなくなってからの氏親の動向は、すべて氏親の判断によるというよりは、妻の寿桂尼を中心にして家老らの主導ですすめられていたことになるかもしれない。

大永四年になると氏親は、眼病を患うようになっていて、その治療のために京都から名医であった清宮内卿《くないきょう》法印を、宗長に依頼して招き寄せている（『宗長日記』）。それが契機になったのか、その年の九月二十日には出家したことが確認され、法名紹僖《じょうき》を称している（戦今三七九）。またこれにともなって、花押を据えることはみられなくなり、朱印を据えるのみになっている。さらに使用していた朱印も、それまで使用していた印文「氏親」のものに替えて、印文「紹貴」のものを使用するようになっている。印文は法名紹僖をもとにしたものである。

そして大永六年四月十四日に、三三ヶ条にわたる「今川仮名目録」（戦今三九七）を制定している。これは東国の戦国大名のなかで、法典の形態をとった分国法として最初の事例にあたっている。内容はこれまで領国統治において判断してきた内容、いわば判例を集成したものであった。そして以後の紛争裁決にあたっての根拠とさせようとするものであった。これを参照するのは、いうまでもなく氏親ではないから、後を継ぐ嫡子氏輝のために作成したと考えられる。またここからは、氏親は引退を予定していたか、さらには死期を悟っていて、氏輝のためにこれを遺したとみなされるであろう。

その二ヶ月後の六月十二日、「紹貴」朱印の前に使用していた「氏親」朱印を捺した朱印状が出されている（戦今三九九）。内容は先年に与えた屋敷をあらためて安堵したものであり、歴とした領国支配における公文書といえる。しかし使用朱印が逆行しており、本来はこうし

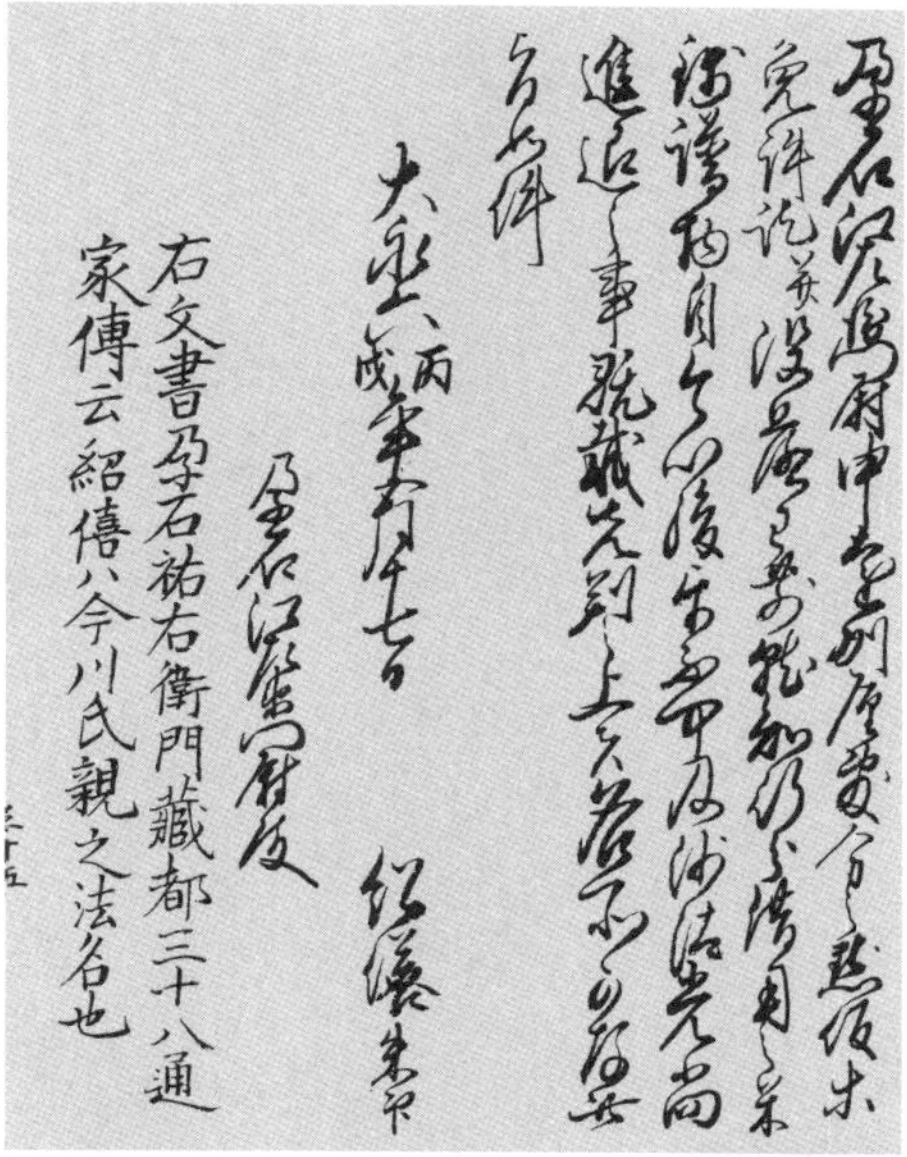
右文書乃至石祐右衛門蔵都三十八通
家傳云紹僖ハ今川氏親之法名也

大永６年（1526）５月17日付け今川氏親朱印状写（国立公文書館蔵「土佐国蠹簡集残編」より、画像提供：静岡県立中央図書館歴史文化情報センター）
右：署名下に捺されていたであろう単郭「紹貴」朱印（『静岡県史　通史編２中世』より転載）

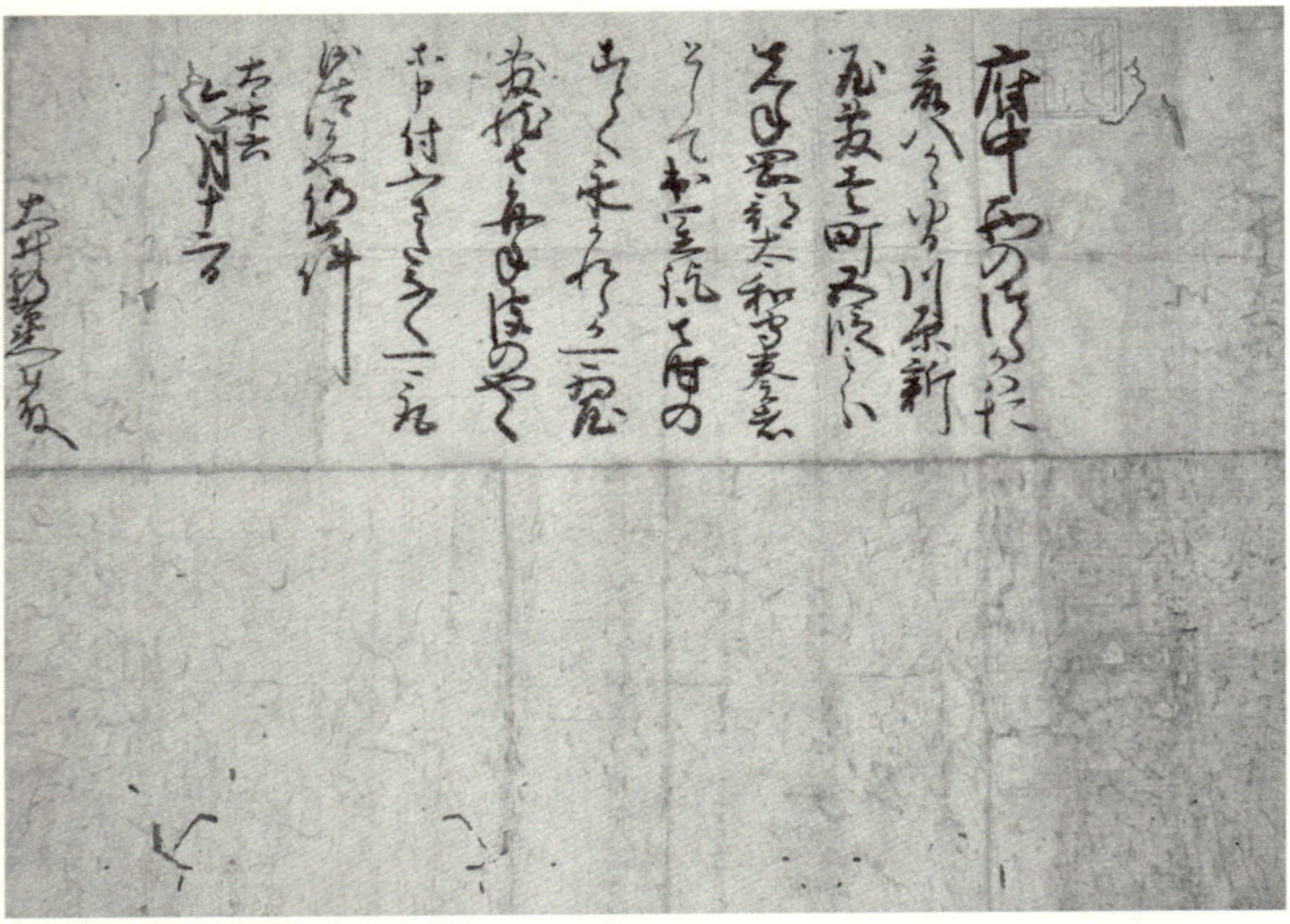

大永6年（1526）6月12日付け今川氏親朱印状（七条文書　画像提供：静岡市）　右：文書右上に捺された「氏親」朱印

た事例はみられることはない。しかも本文は漢字仮名交じり文になっていて、これまで氏親が出した公文書において、そのような事例はみられてはいなかった。そのためこの文書は、氏親が出したものではなく、漢字仮名交じり文は主として女性が使用する文章であることから、妻の寿桂尼が、氏親の名目で代わって出したものとみる見解が出されている（久保田昌希『戦国大名今川氏と領国支配』）。

　これに対してはあくまでも氏親の発給とみる見解もあるが、使用朱印の逆行現象やそれまでになかった漢字仮名交じり文による朱印状という問題点を克服できてはいない。当時の慣習を踏まえてとらえるならば、これはやはり、実際は妻寿桂尼が代わって出したものとみるほうが適切と考えられる。そしてこのことは、この時点で氏親は、すでに政務をとることができない状態になっていたことをうかがわせる。おそらく深刻な病態になっていたとみてよいであろう。そして実際にもそれから十一日後の六月二十三日、氏親は死去した。享年は五十四であった。葬儀は七月二日に駿府近辺の増善寺《ぞうぜんじ》で行われ、増善寺殿喬山紹貴大禅定門とおくられて、同寺に葬られた。

年少期における隠遁生活から、叔父の宗瑞の支援をうけて、駿河今川家の当主に据えられ、宗瑞の補佐をうけながら、駿河・遠江二ヶ国に加えて東三河におよぶ広大な領国を形成する戦国大名となった。この領国規模は、当時においては全国的にも有数のものといえ、東国では間違いなく最大のものであったといえる。また京都の公家の娘と結婚し、その関係から当代有数の公家・文化人との交流をみるようになり、駿府への来訪を頻繁にして、「今川文化」と称されるほどの文化的中心地となる礎を築いてもいる。これらの意味で氏親は、間違いなく当時最先端の戦国大名の一人であり、東国では卓越した存在であったといえる。

しかし実際の氏親は、晩年は鬱病に罹っていたとみられるように、精神的にはあまり強くなかったらしいことがうかがわれる。そうすると元服時期が遅かったことや、それにともなって初陣が遅かったこと、あるいは結婚が遅かったことも、実はそうした氏親の個性に影響されていたのではないか、とも思われてくる。もしそうであったとしたら、氏親にとって年少期の経験があまりにも過酷なものであったのかもしれず、あるいは逆にその後、一転して戦国大名家当主として存在するようになったことが重圧になっていたのかもしれない。そしてそのようななかでも、母北川殿の期待に応えるべく、精一杯の努力をしていたのかもしれない。ただし、それらのことについては、氏親を真正面から取り上げるなかで、検討されるべきものと思われ、ここではあくまでもその可能性を提示しておくにとどめておこう。

そして氏親と宗瑞の二人の人生を、決定的に規定した存在が、氏親には母、宗瑞には姉にあたった北川殿であったといえるであろう。氏親が死去する四ヶ月前となる大永六年二月九日、柴屋軒宗長は上洛の暇乞《いとまご》いとして北川殿のもとを訪れて、そこで北川殿は、その挨拶をうけると「お袖をしぼり給えるように」して、「必ず必ず罷り下り候え」と、再びの駿府への下向を促したという(『宗長日記』)。すでに氏親は病気がちになっていたであろうから、あまり親密な交流はなかったのかもしれない。それだけに旧知の関係にあった宗長との別れが哀しく思えたのかもしれない。

そして献身的なまでに氏親を補佐してくれた弟の宗瑞が死去し、さらに最大の拠り所であったであろう氏親も、自身よりも早く死去したのであった。その後の北川殿の動向を伝える史料はなく、またすでに家督も氏親嫡子の氏輝が継ぎ、それをその母の寿桂尼が「大上様」

として後見するという政治体制となったことで、北川殿の存在はまさに隠遁の状態となったと思われる。そして氏親の死去から三年後の享禄二年（一五二九）五月二十六日に死去したと伝えられている。法名は得願寺殿慈雲心月（のち妙愛）大姉とおくられ、駿府郊外の得願寺（のち徳願寺）に葬られた。享徳三年（一四五四）頃の生まれであったとするならば、享年は七十六くらいであったとみなされる。

この北川殿は、今川氏親と伊勢宗瑞を、戦国世界のなかで戦国大名として存立させていく背景に位置した存在であった。そして氏親の子孫は戦国大名今川家として、また宗瑞の子孫は戦国大名北条家として、ともに東国における代表的な戦国大名として展開していくのであった。そのことからすると、北川殿こそが、真にそれら二つの戦国大名家を生み出した存在であったといっていいかもしれない。

ところで、氏親の三女（瑞渓院殿《ずいけいいんでん》）は、後に北条氏綱の嫡子氏康の妻となっている。彼女は永正十五年頃の生まれとみられるから、氏親が死去した時には九歳くらい、北川殿が死去した時には十二歳くらいになっている。その頃には将来の結婚相手はほぼ決められていたとみてよいであろう。そうするとその結婚は、北川殿の生前には取り決められていた可能性はあるように思われる。当然ながら二人は面識を持っていたに違いないし、むしろその結婚は、北川殿の発案であったかもしれない。今川家と北条家は、文字通り互いに協力し合って成長してきたという経緯にあったから、北川殿が、それをその次世代にも継承させようと考えたとしても不思議ではなかろう。この北川殿の、両家の末永い協力関係の維持を念願していたであろう想いは、孫娘の瑞渓院殿に託されたとみていいように思う。

おわりに

二〇一九年は、伊勢宗瑞没後五〇〇年という記念の年にあたり、それにあわせて小田原市では、「北条早雲公没後五百年」として種々の記念事業が開催され始めている。またそれを控えた今年後半には、ＮＨＫの歴史番組でも、「知恵泉」「英雄たちの選択」「歴史秘話ヒストリア」と、立て続けに宗瑞を取り上げた番組が放映もしくは再放送された。その一部には私も関わらせていただいている。さらにはすでに今年初めからは、宗瑞を主人公にした、ゆうきまさみ氏の歴史漫画「新九郎、奔る！」（月刊！スピリッツ）の連載が開始されている。このように宗瑞について、漫画連載は初めてのことであるし、歴史番組でもこれだけ集中して取り上げられたことはかつてないことである。それはそれだけ、世間の宗瑞に対する関心の高まりを示していると受けとめられる。

こうした背景には、この二十年余における宗瑞に関する研究の、劇的ともいうべき進展があったことは確実であるように思われる。それらの漫画や番組は、いずれもそうした新しい研究成果をもとにして構築された内容になっているからである。とはいえそれらの研究で、宗瑞の全貌が明らかになったのかといえば、そうとはいえない。近年における研究では、室町幕府との関係、堀越公方足利家との関係、新史料の発見にともなう関東での政治行動などについて、顕著な進展をみせたものであったが、追究がおよんでいない領域、解決されていない問題も残されている。その最たるものが、今川家における動向と立場といえるであろう。実際のところ、宗瑞の東国での政治行動は、基本的には今川家のなかで開始されたものであった。したがってその側面を解明しないことには、その後に伊豆・相模二ヶ国の戦国大名として存在していくことについても、充分に理解することはできないのである。

本書はまさに、そのような問題関心のもと、それを解決するために著したものである。そうして伊勢宗瑞と今川氏親を、ともに主軸にすえるかたちをとって、両者の関係と、それぞれがどのようにして戦国大名として展開していったのか、その過程について解明をこころみたのである。

私はこれまで、北条家について幾つかの著作を著してきているが、宗瑞を真正面から取り上げたのは、これが初めてのものとなる。私がこれまで宗瑞についての著作を著してこなかったのにはいくつかの理由があるが、もっとも大きな理由は、宗瑞の動向をとらえようとすれば、今川家との関係について、とりわけ氏親の動向との関わりについての追究が欠かせないからであった。ところが氏親の動向についての研究は、それほど充実しているわけではなかった。したがってその部分については、私自身で取り組むものとなった。

そうして本書においては、宗瑞の姉・北川殿が今川義忠と結婚して以降から、宗瑞が死去するまでを中心に、宗瑞の動向と氏親の動向について、互いを関連させながら、できる限り丁寧に検討することをこころがけた。そしてそれによって同時に、北条家と今川家という、東国を代表する二つの戦国大名家について、戦国大名としての成立過程とその状況を、これまでにないほど丹念に明らかにすることができたと思う。翻って、これまで宗瑞と氏親の動向については、それぞれ北条家、今川家の始祖として別個にとらえられがちであった。しかしながら実態を追究してみると、両者の動向は、宗瑞が関東に侵攻して以降においても、極めて密接に関連していたのであった。少なくとも宗瑞の生前において、両者を切り離して理解することはできないことが明らかになったといえよう。

もっともこれで宗瑞や氏親の全貌を明らかにすることができたかといえば、そうではない。まだまだ解明しなければならない問題は残されているからだ。今後はあらためて、宗瑞と氏親の生涯それぞれについて、その全貌を明らかにしていくことに取り組んでいきたいと考えている。

そのうえで本書に取り組んだ結果として、あらためて認識することができた重要かつ興味深い点を二点あげておきたい。

一つは、北条家と今川家の戦国大名としての展開にあたって、極めて重要な存在であったのが、宗瑞の姉にして氏親の母たる北川殿であった、ということである。彼女の存在とその行動がなければ、この東国を代表する二つの戦国大名家の誕生はなかったに違いない。その意味において、この二つの戦国大名家を生み出した真の主役は、北川殿であったといっていいほどである。もちろんのことながら北川殿そのものの動向はほとんど不明である。にもかかわらず、その存在の大きさを感じずにはいられないのである。

もう一つは、戦国時代初期の東国における、今川家の存在の大きさである。宗瑞死去後の北条家にしろ、隣接する武田家にしろ、戦国大名としての展開のうえで、政治文化や領国統治の側面において、この今川家からの影響の大きさにははかりしれないものがあるように感じられ、あらためて今川家の存在の重要性が認識されるのである。本書の執筆が、宗瑞についての関心を発端にしているにもかかわらず、書名を「今川氏親と伊勢宗瑞」というように、氏親を先にあげているのは、まさにそのことを意識しているからである。今後、東国の戦国時代を理解するにあたっては、これまで以上に今川家に注目し、それへの追究を、いわば北条家・武田家レベルまで引き上げていくことが必要と認識される。これについても今後、私自身としても取り組んでいきたいと考えている。

最後に、本書の刊行にあたっては、またまた平凡社編集部の坂田修治さんのお世話になった。これで《中世から近世へ》シリーズからの刊行は三冊目となる。御尽力いただいた坂田さんに、末筆ながらあらためて御礼を申し上げます。

二〇一八年十二月七日

黒田基樹

今川氏親・伊勢宗瑞関連年表

和暦（年）	西暦（年）	今川氏親の動向	年齢	伊勢宗瑞の動向	年齢
享徳3	1454	この頃、母北川殿生まれるか			
康正2	1456			宗瑞生まれる。父は伊勢盛定、母は伊勢貞国の娘	1
文明元	1469	この頃、今川義忠と北川殿が結婚するか			14
2	1470			この頃、元服するか。仮名新九郎、実名盛時を称す	15
3	1471	この頃、姉（三条実望妻）生まれるか		6月2日　備中国荏原郷法泉寺に禁制を与える。発給文書の初見	16
5	1473	氏親生まれる。幼名は竜王丸 11月24日　父義忠、足利義政から遠江懸川庄代官職などを与えられる	1		18
6	1474	8月　父義忠、遠江に侵攻開始	2	父盛定の終見、法名正鎮でみえる	19
7	1475	6月　父義忠、再び遠江に侵攻。今川堀越範将は戦死	3		20

＊氏親ならびに宗瑞の年齢は数え年で表記

8	1476	7月12日、父義忠、遠江勝田氏を討伐 2月19日　父義忠、遠江横地氏討伐後に塩貝坂で戦死 3月　家督をめぐる今川小鹿範満との内乱が展開 6月　範満支援の上杉政憲・太田道灌が駿河に進軍 9月　家督は範満に決着。竜王丸・北川殿は山西小川に隠棲するか	4		21
10	1478		6	2月28日　足利義政・義尚の細川聡明丸亭御成に供奉。「八郎盛時」でみえる	23
11	1479	12月21日　足利義政から父義忠の遺跡を安堵される	7		24
13	1481		9	9月18日　渡辺帯刀丞への借銭に対して室町幕府から徳政を認められる	26
15	1483		11	11月11日　足利義尚の申次衆になる	28
17	1485		13	11月　荏原郷での伊勢盛頼と祥雲寺の所領相論に、祥雲寺側で証言する	30
18	1486		14	この頃、小笠原政清の娘（南陽院殿）と結婚するか	31

長享	元	1487	1月5日　姉と正親町三条実望が結婚する 10月20日　東光寺に諸公事免除を認める黒印判物を与える。発給文書の初見。印文未詳黒印使用の初見 11月9日　今川小鹿範満を自害させ、今川家の家督を継承する。山東丸子に新館を構えるか	15	4月15日　甘露寺親長への申次を務める。義尚申次衆としての活動の最後 9月以降か、駿河に下向し、竜王丸の蜂起を主導するか。 この年、嫡子氏綱生まれる	32
	2	1488	1月14日　家臣由比光規に山東入江庄での戦功を賞する 7月28日　家臣興津盛綱の本領を安堵する	16	9月28日　竜王丸の命をうけて熊野那智山社に山東長田庄内の寺領を安堵する打渡状を出す	33
延徳	3	1491	5月6日付で室町幕府から北野社領回復を命じられる奉行人奉書が北野社に出される	19	5月7日　足利義材の申次衆として、北野社への申次を、伊勢盛種の代理で務める。その後、駿河に下向 8月10日　室町幕府奉行人奉書が北野社から伊勢貞遠を通じて送られる 8月27日　弟弥次郎盛興、足利義材の近江進軍に従軍する	36
明応	元	1492	9月9日　甲斐穴山武田家支援のため軍勢を甲斐に進軍させる	20	この頃、幕府の奉公衆になるか	37
	2	1493	宗瑞の伊豆侵攻にあたり、葛山備中守を援	21	伊豆に侵攻する。竜王丸から葛山備中	38

	3	4	5
	1494	1495	1496
軍として派遣するという	9月20日　黒印使用の終見	この年に元服か。仮名五郎、実名氏親を称す。丸子館から駿府館に移るか 9月26日　実名氏親の初見	7月から9月　遠江に進軍
	22	23	24
守を援軍として派遣されたといい、後にその娘と結婚する	8月　遠江三郡に侵攻 9月23日　扇谷上杉家支援のため相模に進軍、三浦家を攻略 9月28日　武蔵久米川に進軍 10月2日　高見原に進軍。その後、高坂に後退、岩付城攻撃の姿勢を取った後、11月14日に退陣、同月15日、荏原郡馬込で敗戦、その後に帰国	2月5日　伊東伊賀入道に所領を充行う。法名宗瑞の初見 この年、堀越公方足利茶々丸を伊豆大島に退去させる。韮山城を構築、本拠を移すか	8月　伊豆から甲斐郡内に侵攻 7月　扇谷上杉家への援軍として弟弥次郎を相模小田原城に派遣 7月4日　山内上杉家の攻撃を受けて敗北。足利茶々丸が武蔵から甲斐郡内を経て駿河御厨に侵攻
	39	40	41

				12月15日　家臣高橋に柿木郷での戦功を賞する	
6	1497	7月から8月　遠江に進軍。佐野郡原氏を従属させ、山名郡までを経略したか	25	4月25日　大見三人衆に柏窪一戦の戦功を賞する 7月2日　敵が伊東に侵攻 12月5日　弟弥次郎・大道寺発専を通じて大見三人衆の籠城を賞する	42
7	1498	11月3日　遠江孕石行重に前年における原城での戦功を賞する。この時に遠江進軍か	26	8月　足利茶々丸を自害させ、堀越公方足利家を滅亡させる。狩野氏を攻略し、伊豆を経略する。その後に狩野氏娘と結婚するか（善修寺殿）。伊豆下田の御簾真敷を八丈島代官に任じ、派遣する。 8月25日　明応地震 8月28日　台風襲来	43
8	1499	1月19日　遠江国府八幡宮に所領を与える 9月7日　遠江笠原庄高松社に諸公事を免除する。この時まで遠江に在陣か	27	3月28日　修禅寺東陽院に所領寄進などを行う 5月17日　京都から駿河に下向中の飛鳥井雅康に宗瑞の書状が到着、駿府館への訪問については延期を要請	44

	9	1500		28	11月　三島に配流されてきた「王」を相模に送る 6月4日　相模湾地震。その後に小田原城を攻略、大森家を滅亡させ、相模西郡を経略したか	45
文亀	元	1501	5月4日　三保を見物。下向してきていた姉三条実望妻も同行 6月　尾張斯波家が遠江に侵攻 7月から9月　遠江に進軍。社山城・天方城などを攻略、蔵王城・馬伏塚城を防衛 9月　北川殿が駿河沼津郷西光寺に寺領を寄進する 12月23日　遠江国府八幡宮に諸役を免除。この時までに国府見付を経略	29	3月28日　伊豆走湯山に相模西郡の所領の替え地を与える。西郡支配の初見 閏6月2日　信濃諏訪家に甲斐武田家攻めの連携を働きかける 7月から9月　氏親に従い遠江に進軍。この頃、嫡子氏綱は元服するか。仮名新九郎を称す。実名は氏親からの偏諱か	46
	2	1502		30	9月18日　伊豆から甲斐郡内に侵攻 9月20日　合戦 10月3日　武田信縄が進軍してきたため甲斐から退陣	47
	3	1503	冬「太平記」写本を甲斐穴山武田信懸に貸す	31		48

永正	元	1504	4月3日以前　山内上杉軍が駿河御厨に進軍。梨木沢合戦で葛山孫四郎が戦死 6月11日　遠江大沢氏に所領を安堵し、執行を宗瑞に命じる 6月19日　京都中御門家へ派遣した使者が到着 7月　宗瑞・朝比奈氏の軍勢を遠江に進軍させる 7月20日　中御門家への使者が到着 7月30日以前　黒山城を攻略。中御門家への使者が到着 8月20日　中御門宣胤は氏親らに進物を贈る 8月28日以前　堀江城を攻略。遠江一国の経略を遂げる 9月11日　扇谷上杉氏への援軍として駿府を出陣 9月13日　朝比奈氏・福島氏の軍勢が出陣 9月20日　武蔵益形山に着陣し宗瑞と合流 9月25日　立河原に進軍し扇谷上杉家と合流	32	1月7日　この頃、武蔵椚田城に向かい進軍の動きをみせている 3月晦日　椚田城攻撃の動きをみせていたか 7月　遠江に進軍 8月1日　大沢氏に雄奈郷を安堵する判物を与える 8月2日　穴山武田信懸は宗瑞から借りた「太平記」写本を書写する 9月6日　扇谷上杉家への援軍として出陣、相模江島に禁制を与える 9月15日　武蔵益形山に着陣 9月20日　氏親と合流 9月25日　立河原に進軍し扇谷上杉家と合流 9月27日　立河原合戦を戦う。勝利し氏親とともに帰陣 10月4日　鎌倉に到着 10月22日頃　韮山城に氏親を迎える	49

		9月27日　立河原合戦を戦う。勝利し宗瑞とともに帰陣 10月4日　鎌倉に到着、伊豆熱海で湯治、韮山城に滞在し、25日三島社に参詣、28日以降に帰陣			
2	1505	2月5日　三河奥平定昌に遠江で所領を与える。三河国衆を従属させていることの初見 8月9日　三条西実隆に和歌の添削をうける。 この年、中御門宣胤の娘（寿桂尼）と結婚するか	33		50
3	1506	8月5日　三河奥平定昌に16日出陣を伝える 8月25日　遠江鷲津本興寺に禁制を与える 9月　三河に侵攻 9月19日　今橋城の端城を攻略 11月3日　今橋城を攻略 11月15日　西三河に進軍して明眼寺に禁制を与える。閏11月に帰陣か	34	7月18日　妻小笠原氏死去 8月　氏親に従い三河に向けて進軍 9月21日　信濃小笠原定基に連携を働きかける 10月18日　小笠原定基家臣関春光の書状が到着 10月19日　小笠原定基に出陣の喜びを伝える 閏11月7日　三河吉良義信家臣巨海越	51

4	1507	2月14日　姉の子正親町三条公兄が駿府に下向。現職の公家の駿府下向の最初 5月26日　三条西実隆から「伊勢物語」を与えられる この年、将軍足利義澄から忠節を求める御内書を送られるが返信せず	35	中守に書状を出し、吉良義信に返信する。その後に帰陣か この年、相模西郡に検地を行う この年、将軍足利義澄から忠節を求める御内書を送られ、とりあえず返信する。この頃、遠江浜名神戸代官を務め、検地を行う この年、武蔵神奈川郷の八丈島代官奥山忠督が下田に出仕する	52
5	1508	7月13日　将軍足利義尹から遠江国守護に補任される 10月　宗瑞らを三河に進軍させる 11月16日　家臣伊達忠宗に三河での戦功を賞する	36	この年8月か、遠江浜名神戸に対して年貢・公事徴収に際して譴責を行う 10月　氏親の「名代」として三河に進軍、19日に合戦。岩津松平家を攻略したか 11月7日　京都で駿河・伊豆勢敗北と伝聞 11月11日　今川家臣伊達忠宗・三河吉良義信家臣巨海越中守に前月19日の合戦での戦功について氏親に報告した事を伝える 12月5日以降　甲斐郡内小山田平三・	53

6	1509		37	工藤氏が韮山城に出仕する この年、東渓宗牧から「天山」の道号を与えられる この年、奥山忠督・朝比奈弥三郎が下田から八丈島に帰還しようとしたところを拘束し、神倉島に抑留する 8月14日以前　山内・扇谷両上杉家に敵対し、相模に侵攻、中郡高麗寺要害・住吉要害を取り立て、武蔵神奈川権現山城の上田氏を従属させる。 8月29日以前　扇谷上杉家の本拠武蔵江戸城近辺まで進軍する。その後も関東に在陣を続ける。	54
7	1510	3月10日以前　三河戸田憲光が離叛、同日、信濃小笠原定基に三河進軍を伝える 3月23日以前　遠江二俣城を取り立てる 4月4日　二俣城が斯波方に攻撃される 5月23日　氏親は二俣城に在城か、同城で忠節した村落に諸役免除する。その後に帰陣か 11月1日　遠江引間城攻めのために藤枝ま	38	3月初め　関東から帰陣。その後駿府を訪問、24日頃に韮山城に帰還 3月26日　信濃小笠原定基に、氏親の三河進軍に関して書状を出す 4月　奥山忠督・朝比奈弥三郎に八丈島帰還を認める 5月　武蔵に進軍し、椚田城を攻略。扇谷上杉方三浦道寸は家臣北村秀助	55

で進軍
11月2日　懸川まで進軍
11月25日　天竜川を越河
11月26日　引間城を攻撃。城主大河内貞綱は三河に退去、氏親は帰陣する

8
1511
1月1日　家老朝比奈泰凞死去
1月5日　遠江井伊領に在陣する斯波方との抗争を開始する
4月29日以前　従五位下・修理大夫に叙任される。この日、冷泉為和に「小野宮殿集」を書写してもらう
6月　駿河安東庄熊野宮造営の算用帳に、北川殿からの出銭5貫文が書き立てられ

39

に八丈島を攻めさせる
7月11日　扇谷上杉朝良から権現山城を攻撃される
7月19日　権現山城を攻略される。その後、三浦道寸に中郡に進軍され、上杉朝良・三浦道寸が合流して津久井領に進軍される。山内上杉方により椚田城も奪回されたか
10月19日以前　上杉朝良に小田原城まで攻められる。大道寺発専は戦死したか。上杉朝良は一旦退陣
12月9日　上杉朝良に再び西郡に進軍され、鴨沢要害を攻撃される
11月8日以前　扇谷上杉朝良と和睦、この日、駿府に滞在、遠江情勢に関して氏親と協議

56

		る 11月18日　家老福島範為は斯波方攻撃のため近く出陣の予定を示す 12月26日　将軍足利義尹から年始祝儀の返礼の御内書を出される			
9	1512	3月24日　印文未詳印を朱印として使用 閏4月3日　遠江在陣の今川軍、井伊谷に進軍し斯波方を後退させる。氏親は再び引間城攻略のため出陣、遠江原川まで進軍。8月頃までは掛川近辺に在陣か、その後帰陣か 10月11日　幕府直臣飯尾貞連に書状を出す、駿府に在所か 12月3日　将軍足利義尹から年始祝儀の返礼の御内書を出される	40	1月　長尾伊玄を駿府に滞在させる 8月7日　扇谷上杉家との和睦が破棄され、相模中郡に侵攻、三浦道寸方の岡崎城を攻撃 8月12日　岡崎城を攻略し、中郡を経略 8月13日　東郡に進軍し鎌倉を経略 10月　東郡の軍事拠点として玉縄城を構築 12月6日　武蔵久良岐郡本牧郷に制札を出す、久良岐郡南部を経略	57
10	1513	2月頃　遠江引間城攻略のため出陣 3月7日　朝比奈泰以らは井伊谷領在陣の斯波方と対戦、御嶽城を攻略し、斯波軍を尾張に後退させる 3月28日　引間城大河内貞綱を三河に退去	41	1月29日　鎌倉近辺で三浦道寸と合戦、藤沢清浄光寺が焼亡する。三浦道寸は三浦郡三崎城に後退 4月17日以前　三崎城を攻撃 7月7日　三浦方住吉要害を攻略する	58

		させ、再度遠江の経略を遂げる この年、嫡子氏輝が生まれる。幼名竜王丸		この年までに三男氏広は母方実家の駿河葛山家を継承、今川氏御一家として駿府に居住する	
11	1514	5月13日　駿府浅間宮で柴屋軒宗長と和歌千句を詠む 12月26日　駿府に滞在していた正親町三条実望が帰洛、中御門宣胤への氏親書状をもたらす	42	5月　扇谷上杉朝良の家宰太田永厳が相模西郡に侵攻してくる 6月から9月の間か　久良岐郡北部の神奈川郷を攻撃	59
12	1515	5月18日　嫡子竜王丸は「悉曇初心問答鈔」を学ぶ。竜王丸の初見 5月27日　飛鳥井雅俊から蹴鞠条々を与えられる 10月5日　三条西実隆に和歌百首の添削をうける 12月　甲斐武田大井信達支援のため軍勢を甲斐に進軍させる	43	2月10日　嫡子氏綱、相模東郡鎌倉三ヶ寺に諸公事を免除する判物を出す。氏綱の発給文書の初見 5月8日　姉北川殿所領の駿河沼津郷所在の妙海寺に、北川殿の代官としてか、諸公事を免除する この年、氏綱の嫡子氏康生まれる。幼名は伊豆千代丸	60
13	1516	5月　三条西実隆から大河内躬恒の歌集を贈られる 9月　甲斐に軍勢を派遣、国中に進軍し勝山城を構築する 12月29日　郡内吉田城を攻略する。この冬、	44	6月頃か　扇谷上杉朝興が相模中郡に進軍してきたがそれを撃退する。その後、三崎城攻撃に転じ、7月11日、三崎城を攻略、三浦家を滅亡させ、三浦郡を経略。相模一国の経略を遂	61

		尾張斯波家が遠江に侵攻する		げる 11月　上総真里谷武田信嗣を支援し上総藻原に進軍	
14	1517	1月12日　郡内小山田家の家老小林尾張入道に吉田城を攻略され、和睦する 1月22日　武田信直との和睦を図り、柴屋軒宗長を派遣する 1月23日　宗長は駿府を出立 3月2日　武田信直との和睦が成り、甲斐在陣の軍勢は後退する 6月18日　遠江に進軍し天竜川を越える 6月21日　斯波方の引間城を攻撃 8月19日　引間城を攻略。城主大河内貞綱を自害させる。遠江の確保を果たし、帰陣。氏親の最後の出陣 この年、次男玄光恵探生まれる。三男彦五郎もこの年に生まれたか	45	閏10月　真里谷武田信嗣支援のため上総に進軍、真名城攻略に参加する。家臣伊奈盛泰は江戸湾に進軍し武蔵品川妙国寺に禁制を与える	62
15	1518	1月　朝比奈泰以が斯波方に応じていた戸田憲光に攻略されていた三河舟形山城を奪還。東三河の経略を遂げる 4月29日　中御門宣胤の孫娘（中御門宣秀	46	2月3日　相模東郡北部に進軍、当麻宿に制札を与える。最後の軍事行動 9月　虎朱印を創出、その使用規定などを制定する	63

		の娘）、家老朝比奈泰能との結婚のため下向する 5月　郡内小山田家と和睦する 5月19日　中御門宣秀娘、掛川城に到着 6月24日　朝比奈泰能と中御門宣秀娘が結婚する 8月6日　中御門宣胤に、「太平記」を贈られたことの礼を述べる 8月10日　方外軒への書状で、前年引間城攻略以来、体調が不良であること述べる この年、三女瑞渓院（北条氏康妻）生まれるか		10月8日　虎朱印の使用規定などを伊豆木負村に交付する。虎朱印使用の初見 10月18日　家臣後藤繁能・関某は「調」朱印の使用規定を鍛冶に交付する。「調」朱印使用の初見	
16	1519	8月8日　駿河沼津郷妙海寺に宗瑞判物の通りに北川殿による諸役免除を保障する。北川殿の初見。印文未詳朱印の終見 11月3日　将軍足利義稙から馬献上などへの返礼の御内書を出される この年、四男義元生まれる	47	1月29日　伊豆大見三人衆に戦功の忠節に対する諸役免除などの特権をあらためて保障する判物を出す 4月28日　四男菊寿丸（宗哲）に所領を譲与する 6月20日　伊豆雲見郷高橋氏に結肌に関して書状を出す。宗瑞の発給文書の終見 7月　氏綱は軍勢を率いて上総藻原に	64

		大永
	17	元
	1520	1521
	1月13日　将軍足利義稙から細川澄元に関することで賞され御内書を出される 3月14日　伊豆那賀郷三島大権現大禰宜職を金差大炊助に安堵する。伊勢家領国に出した判物の最初で最後	2月27日　家老福島氏を大将にした軍勢を甲斐に進軍させる 5月4日　朱印「氏親」の初見と同時に終見 7月15日　穴山武田信風が離叛、武田信虎に従う。信風からの証人武田八郎が帰還する
	48	49
進軍し妙光寺に制札を与える。これ以前に宗瑞は隠居し、氏綱が家督を継いだか 7月28日以前　氏綱は扇谷上杉朝興と和睦している 8月15日　韮山城で死去。遺骸は伊豆修禅寺で葬送し荼毘に付される 9月15日　氏綱を施主、芳林乾幢を導師に無遮会が行われる		

		8月28日　武田信虎が河内領に進軍、今川軍は敗北	
		9月6日　甲斐大島合戦で勝利	
		9月16日　富田城を攻略	
		10月16日　飯田河原合戦で敗北	
		11月10日　勝山城に後退する	
		11月23日　上条河原合戦で敗北。富田城に後退する	
2	1522	1月14日　甲斐在陣の軍勢、武田信虎と和睦し、富田城から退去し帰陣する	50
3	1523	12月19日　家臣馬淵松千代に同弥次郎跡職を与える。還俗段階の発給文書の終見	51
4	1524	6月　眼病に罹り、柴屋軒宗長に依頼して京都の医師清宮内卿法印を招き寄せる	52
		9月20日　家臣興津正信に父久信の所領を安堵する。法名紹僖で署名、朱印「紹貴」を使用。これ以前に出家、法名紹僖を称す。朱印「紹貴」の初見	
5	1525	11月20日　嫡子竜王丸が元服、仮名五郎、実名氏輝を称す	53
		11月25日　その祝言として法楽連歌を開催。	

	6	1526	この年、武田信虎との抗争続く 2月9日　柴屋軒宗長、上洛にあたり北川殿に暇乞いする 4月14日　「今川仮名目録」三三ヶ条を制定する 5月17日　家臣孕石光尚に諸役免除する。「紹貴」朱印の終見 6月12日　府中彦八に屋敷地を安堵する。朱印「氏親」を使用 6月18日　久能寺に流木採取・塩焼を認める。署名は「沙弥紹僖」 6月23日　駿府館で死去。家督は嫡子氏輝が継ぐ 7月2日　駿府増善寺で葬儀が行われ、同寺に埋葬される	54		

主要参考文献

有光友学編『今川氏の研究』（戦国大名論集11　吉川弘文館、一九八四年）
家永遵嗣『室町幕府将軍権力の研究』（東京大学日本史学研究叢書1　東京大学日本史学研究室、一九九五年）
同　「明応二年の政変と伊勢宗瑞（北条早雲）の人脈」（『成城大学短期大学部紀要』二七号、一九九六年）
同　「伊勢盛時（宗瑞）の父盛定について」（『学習院史学』三八号、二〇〇〇年）
同　「北条早雲研究の最前線」（北条早雲史跡活用研究会編『奔る雲のごとく――今よみがえる北条早雲』北条早雲フォーラム実行委員会、二〇〇〇年）
同　「甲斐・信濃における「戦国」状況の起点」（『武田氏研究』四八号、二〇一三年）
池上裕子『北条早雲』（日本史リブレット人42　山川出版社、二〇一七年）
大石泰史『今川氏滅亡』（角川選書604　二〇一八年）
同　編『今川氏年表　氏親・氏輝・義元・氏真』（高志書院、二〇一七年）
大塚　勲『今川氏親・義元と家臣団』（私家版、二〇〇三年）
同　『今川氏と遠江・駿河の中世』（岩田選書・地域の中世5　岩田書院、二〇〇八年）
同　『今川氏研究余録』（私家版、二〇〇八年）

同　『戦国大名今川氏四代』（羽衣出版、二〇一〇年）
同　『今川一族の家系』（羽衣出版、二〇一七年）
小和田哲男『後北条氏研究』（吉川弘文館、一九八三年）
同　『今川氏の研究』（小和田哲男著作集第一巻　清文堂出版、二〇〇〇年）
同　『今川氏家臣団の研究』（小和田哲男著作集第二巻　清文堂出版、二〇〇一年）
同　『武将たちと駿河・遠江』（小和田哲男著作集第三巻　清文堂出版、二〇〇一年）
同　『駿河今川氏十代』（中世武士選書25　戎光祥出版、二〇一五年）
木下　聡『中世武家官位の研究』（吉川弘文館、二〇一一年）
同　編著『管領斯波氏』（室町幕府の研究1　戎光祥出版、二〇一五年）
久保田昌希『戦国大名今川氏と領国支配』（吉川弘文館、二〇〇五年）
黒田基樹『戦国大名北条氏の領国支配』（戦国史研究叢書1　岩田書院、一九九五年）
同　『扇谷上杉氏と太田道灌』（岩田選書・地域の中世1　岩田書院、二〇〇四年）
同　『〈図説〉太田道灌』（戎光祥出版、二〇〇九年）
同　『戦国北条氏五代』（中世武士選書8　戎光祥出版、二〇一二年）
同　『戦国期山内上杉氏の研究』（中世史研究叢書24　岩田書院、二〇一三年）
同　『北条氏康の妻　瑞渓院』（中世から近世へ　平凡社、二〇一七年）
同　『戦国大名の危機管理』（角川ソフィア文庫　二〇一七年）
同　『戦国北条家一族事典』（戎光祥出版、二〇一八年）
同　「甲斐の統一」（『山梨県史通史編2』第七章第一節、山梨県、二〇〇七年）

同　「岩付衆「松野文書」の検討」（『埼玉地方史』七〇号、二〇一四年）
同　「伊勢盛時と足利政知」（『戦国史研究』七一号、二〇一六年）
同　「小田原北条家の相模経略」（関幸彦編『相模武士団』吉川弘文館、二〇一七年）
同　編『武蔵大石氏』（論集戦国大名と国衆1　岩田書院、二〇一〇年）
同　編著『長尾景春』（シリーズ・中世関東武士の研究1　戎光祥出版、二〇一〇年）
同　『伊勢宗瑞』（シリーズ・中世関東武士の研究10　戎光祥出版、二〇一三年）
同　『北条氏年表　宗瑞・氏綱・氏康・氏政・氏直』（高志書院、二〇一三年）
同　『北条氏綱』（シリーズ・中世関東武士の研究21　戎光祥出版、二〇一六年）
同　『今川氏親』（シリーズ・中世関東武士の研究25　戎光祥出版、二〇一九年）
柴辻俊六編『武田信虎のすべて』（新人物往来社、二〇〇七年）
清水敏之「遠江堀越氏の基礎的研究」（『静岡県地域史研究』七号、二〇一七年）
下山治久『北条早雲と家臣団』（有隣新書57　有隣堂、一九九九年）
鈴木将典『国衆の戦国史』（歴史新書y70　洋泉社、二〇一七年）
武田氏研究会編『武田氏年表　信虎・信玄・勝頼』（高志書院、二〇一〇年）
谷口雄太「戦国期における三河吉良氏の動向」（『戦国史研究』六六号、二〇一三年）
同　「戦国期斯波氏の基礎的考察」（『年報中世史研究』三九号、二〇一四年）
長倉智恵雄『戦国大名駿河今川氏の研究』（東京堂出版、一九九五年）
平山　優『穴山武田氏』（中世武士選書5　戎光祥出版、二〇一一年）
丸島和洋編『甲斐小山田氏』（論集戦国大名と国衆5　岩田書院、二〇一一年）

山田邦明『戦国時代の東三河　牧野氏と戸田氏』（愛知大学綜合郷土研究所ブックレット23　あるむ、二〇一四年）
同　「三河から見た今川氏」（『静岡県地域史研究』七号、二〇一七年）
米原正義『戦国武士と文芸の研究』（桜楓社、一九七六年）
『静岡県史』通史編2（静岡県、一九九七年）
『愛知県史』通史編3（愛知県、二〇一八年）

黒田基樹（くろだ もとき）
1965年東京都生まれ。早稲田大学教育学部社会科地理歴史専修卒業。博士（日本史学）。専門は日本中世史。現在、駿河台大学教授。著書に『百姓から見た戦国大名』（ちくま新書）、『戦国北条氏五代』（戎光祥出版）、『戦国大名――政策・統治・戦争』（平凡社新書）、『羽柴家崩壊――茶々と片桐且元の懊悩』『北条氏康の妻 瑞渓院――政略結婚からみる戦国大名』（平凡社）、『北条氏政――乾坤を截破し太虚に帰す』（ミネルヴァ書房）、『北条氏康の家臣団――戦国「関東王国」を支えた一門・家老たち』（洋泉社歴史新書y）、監修に『戦国大名』（平凡社別冊太陽）などがある。

[中世から近世へ]

今《いま》川《がわ》氏《うじ》親《ちか》と伊《い》勢《せ》宗《そう》瑞《ずい》 戦国《せんごく》大名《だいみょう》誕生《たんじょう》の条件《じょうけん》

発行日　2019年1月25日　初版第1刷

著者　黒田基樹
発行者　下中美都
発行所　株式会社平凡社
〒101-0051 東京都千代田区神田神保町3-29
電話 (03)3230-6581[編集] (03)3230-6573[営業]
振替 00180-0-29639
ホームページ http://www.heibonsha.co.jp/
印刷・製本　株式会社東京印書館
DTP　平凡社制作

ISBN978-4-582-47743-6
NDC分類番号210.47　四六判(18.8cm)　総ページ280